Reinhard Thöle

Nullus Diabolus - nullus Redemptor

AF535267

Reinhard Thöle

Nullus Diabolus - nullus Redemptor

Von Himmel und Hölle kirchlicher Milieus

Fromm Verlag

Imprint

Any brand names and product names mentioned in this book are subject to trademark, brand or patent protection and are trademarks or registered trademarks of their respective holders. The use of brand names, product names, common names, trade names, product descriptions etc. even without a particular marking in this work is in no way to be construed to mean that such names may be regarded as unrestricted in respect of trademark and brand protection legislation and could thus be used by anyone.

Cover image: www.ingimage.com

Publisher:
Fromm Verlag
is a trademark of
Dodo Books Indian Ocean Ltd. and OmniScriptum S.R.L Publishing group
Str. Armeneasca 28/1, office 1, Chisinau-2012, Republic of Moldova, Europe
Printed at: see last page
ISBN: 978-613-8-34873-3

Copyright © Reinhard Thöle
Copyright © 2022 Dodo Books Indian Ocean Ltd. and OmniScriptum S.R.L Publishing group

Reinhard Thöle

Nullus Diabolus - nullus Redemptor

Von Himmel und Hölle kirchlicher Milieus

Inhaltsverzeichnis

Die Gottesdienstvergiftung

Nachdem sie an den Gottesdiensten teilgenommen hatte, berichtete die Besuchergruppe, dass sie nicht mehr gewusst hätten, ob sie „noch auf der Erde oder bereits im Himmel“ gewesen seien. So erzählt die zu Beginn des 12. Jahrhunderts im Kiewer Höhlenkloster verfasste Nestorchronik über eine vom Großfürsten Wladimir entsandte Delegation zu den Gottesdiensten in der Hagia Sophia in Byzanz.[1] Daraufhin entschied der Großfürst, dass sich die Kiewer Rus der christlichen byzantinischen Glaubenstradition anschließt. Besucht man heute evangelische und katholische Mainstream-Gottesdienste, kehrt man in der Regel aus ihnen nicht mehr heim mit einer solchen himmlischen Erfahrung. Im Gegenteil, man merkt und soll es merken, dass man mit dem Gottesdienst ganz in der Welt angekommen ist. Es wird vom „Gottesdienstcoaching“ geradezu als eine praktizierbare Kunst angesehen, den Gottesdienst wie ein „weltlich Ding“ zu behandeln, in dem Text-, Musik- und Emotionselemente psychologisch und pädagogisch eingesetzt werden, um die Besucher anzusprechen, mitzunehmen und in ihrer Haltung vielleicht sogar zu verändern.

Theologisch verschoben

In den letzten Jahrzehnten hat sich in der Welt der öffentlich gefeierten Gottesdienste eine Verschiebung des theologischen Koordinatensystems abgespielt. Zuerst war diese kaum merkbar. Im Hintergrund waren dabei verschiedene theologische Ansätze und theologische Schulen auszumachen. Die Verschiebung spielte sich hauptsächlich in der Welt der veränderten theologischen Einstellungen derer ab, die für die Gottesdienste verantwortlich waren. Noch versuchte man die Veränderungen im Gewohnten zu verstecken. Man darf dabei nicht übersehen, dass sicherlich die Prägungen der Verantwortlichen mit den vielleicht auch schwierigen Gottesdiensterfahrungen auf ihrem Lebensweg eine Rolle spielen. Ebenso sei es unbenommen, den Protagonisten erst einmal einen gut gemeinten idealistischen Reformwillen zu attestieren. Sie wollten etwas besser machen und meinten, mit neuen Ansätzen das Herkömmliche lebendiger machen zu können. Zudem hatte die Liturgiewissenschaft gerade im letzten Jahrhundert die Text- und Theologiegeschichte des christlichen Gottesdienstes kritisch und bereichernd erforscht und stellte viele Fragen, die noch nicht hinreichend in der Praxis angekommen waren.

Doch der gefeierte Gottesdienst ist mehr als eine Anwendung von Text und Theologie, die ein Resultat hervorbringen. Er spielt sich darüber hinaus in ganz anderen Dimensionen ab. Es wäre zu kurz gegriffen zu meinen, man könne die

[1] Ludolf Müller, Helden und Heilige aus russischer Frühzeit, München 1984

„Attraktivität“ des Gottesdienstes mit ein paar Kniffen oder Änderungen erhöhen. Was den Gottesdienst zum Gottesdienst macht, diese Frage lässt sich vom Menschen aus nur schwer beantworten.

Die Verschiebung des Koordinatensystems des Gottesdienstes vollzog sich nach und nach schleichend. Natürlich hingen es die Verantwortlichen nicht an die große Glocke, wenn sie innerlich am bisherigen Gottesdienstsystem und vielleicht sogar an ihrer eigenen konfessionellen Kirchlichkeit etwas nicht mehr mittragen konnten oder wollten, sondern sie feierten das Überkommene eben mit einer anderen Einstellung und Haltung, die aber subkutan auch spürbar wurde. Ereignen sich solche Änderungen aber auf mehreren Ebenen und von verschiedenen theologischen Ansätzen her, kommen mehrere Faktoren zusammen, die dazu führen, dass der Gottesdienst insgesamt in seiner Substanz geschädigt wird. Es ist wie bei einem Ökosystem. Dieses kippt um, wenn dort zu viele schädliche Substanzen eingeleitet werden.

In diesem Kapitel soll versucht werden, einige Aspekte dieses Phänomens nachzuzeichnen. Dabei betritt der Autor einen sehr ungesicherten Bereich, der sich aus einzelnen subjektiven Beobachtungen und Empfindungen zusammensetzt und sie vielleicht zu plakativ bewerten muss. Er beschreibt eigentlich diese Ansätze und Theologien nicht im Rahmen des wissenschaftlichen oder akademischen Diskurses. Er beobachtet die Ansätze, wie sie in kirchlichen Milieus angekommen sind und wie man dort mit ihnen umgeht. Das ist eine andere Ebene. Denn im Milieu erhalten Elemente der theologischen Diskussion neue Zusammenhänge und Wertungen. Im Milieu geht man mit Neuerungen auf unterschiedlichste Weise um. Es kommt auf Haltungen, Erkennungszeichen und Gepflogenheiten an. Es ist die Theologie der Sprüche und Jingles, die auf Dienstbesprechungen und in Pfarrkonferenzen abgelassen werden und die als Begründung und Verteidigung des pfarramtlichen Dienstes dienen sollen. Der Einsatz dieser Sprüche und die Theologie dieser Jingles enthüllen den Geist und das Selbstwertgefühl der im Amt tätigen und entlarven, was man als Hintergrund des theologischen Denkens eigentlich meint. Diese Haltungen kennen das solidarisch verschworene Kichern ebenso wie die gespielte Entrüstung. Oft beziehen sich die Aussagen auf das sonst Unausgesprochene im Umgang mit dem Gottesdienst und auf das Selbstverständnis derer, die für ihn verantwortlich sind und Dienste übernommen haben. Das Auffällige an dieser Welt der kirchlichen Milieus ist das eigenartige Phänomen, dass die Theologie eine zweitrangige Rolle spielt. Theologische Entscheidungen sind bereits anderswo gefallen, nun geht es um den Nachweis von Modernität, Konfessioneller Identität oder persönlichem Selbstwertgefühl. Werden die theologischen Aspekte dieser Identität in Frage gestellt, antwortet man mit völligem Erstaunen oder man wird plötzlich aggressiv und persönlich verletzend. Der Verfasser steht beim Betreten dieses Landes natürlich in der Gefahr, nur einen Teil der Milieukompatibilität zu erfassen, einseitig etwas zu überzeichnen oder ungerecht zu werden oder in satirische

Aspekte abzugleiten. Das bitte ich nachzusehen. Und es darf diesen Ausführungen auch widersprochen werden.

Beim Gottesdienstgeschehen ist es vielleicht wie in der Musik. Dort geht es bei einer Aufführung auch um mehr als um Partitur und Musikgeschichte, sondern um einen Eintritt in ein eigenes Geschehen, dessen eigene Gesetze beachtet werden müssen. Die Faszination, die von einem Kunstwerk ausgeht, kann geschehen, aber nicht gemacht werden und auch nur zum Teil durch Bild- und Tonaufnahmen festgehalten werden. Ähnlich auch beim Gottesdienst. Man kann ihn eigentlich nicht „machen“, man kann aber zu ihm zusammenkommen, um sich einem vielschichtigen Geschehen hinzugeben. Er kann im besten Fall zu einem Faszinosum werden. Man kann ihn darum auch nicht kaputt machen. Es sei denn vielleicht, man will ihn eigentlich gar nicht mehr als Gottesdienst. Es gibt aber eine eigene gottesdienstliche Welt, bei der bestimmte Zusammenhänge respektiert werden müssen und bestimmte eigene Gesetzte beachtet werden müssen. Innerliches Geschehen und äußerer Ausdruck sind untrennbar miteinander verbunden. Und gottesdienstliche Dichte kann auch geschehen, wenn man textliche und liturgiegeschichtliche Fehler macht, wenn Einzelne mit falschen Haltungen dabei sind. Grundsätzlich gilt eine widersprüchliche Dialektik. Es scheint auf den ersten Blick, man könnte den Gottesdienst ganz zerstören, zugleich aber gilt, dass es eine Dignität des Gottesdienstes gibt, die unzerstörbar bleibt. Nicht nur, weil jeder Gottesdienst immer ein ikonografischer Hinweis auf den *einen* himmlischen Gottesdienst ist, den man nicht zerstören kann, sondern auch, weil er sozusagen ein verzaubertes Geschehen ist, bei dem der Zauber nicht vom Menschen ausgeht.

Die konfessionelle, theologische und emotionale Richtigkeit eines vorbereiteten Gottesdienstes ist keine ausreichende und hinreichende Voraussetzung, dass sich bei seiner Feier ein Gottesdienst ereignet. Gottesdienst ist mehr als eine Abfolge von Richtigkeiten. Die Faszination am Gottesdienst ist, dass es sich bei ihm um eine Gottesbegegnung handelt und in ihm eine verschlüsselte Offenbarung Gottes stattfindet. Wenn der Gottesdienst ein sich gegenseitig durchdringendes ganz menschliches und ganz göttliches Geschehen ist, - so würde es die Zwei-Naturen-Lehre nahelegen - dann macht das göttliche, von Menschen nicht mach - und verstehbare Handeln nicht einfach einen Anteil von fünfzig Prozent am Geschehen des Gottesdienstes aus. Sondern das göttliche sich offenbarende Handeln trägt alles. Auf die Spitze gebracht: bei einer von einem katholischen Priester an einem Seitenaltar in lateinischer Sprache gehaltenen Stillmesse in der Gegenwart von drei Mütterchen, die dabei den Rosenkranz beten, mag nach neuer Lesart liturgiegeschichtlich, pastoralliturgisch, pastoralpsychologisch und pastoralpädagogisch alles falsch sein und er mag deshalb insgesamt als überholt eingestuft werden. Man würde sagen, da versteht doch niemand etwas, die innere verstehende Beteiligung der Gläubigen ist ausgeschlossen. Man würde im Milieu den Kopf schütteln. Es könnte aber doch sein, dass bei einer solchen

„voraufgeklärten Winkelmesse“ mehr von Gott und seiner Offenbarung erwartet wird und zum Ausdruck kommt als vom durchgestylten Katholikentags-Gottesdienst mit Bigband, Betroffenheitstexten, Akrobaten, liturgischem Tanz, Symbolhandlungen und sich locker gebenden Bischöfen.

Mit Altlasten versehen

Zum Verhängnis für den Gottesdienst ist leider auch geworden, dass er bis heute eine Halde von undurchsichtigen konfessionell aufgeladenen und dogmatisch ideologischen Altlasten geblieben ist. Auf dem Weg durch die Geschichte ist der Gottesdienst immer wieder okkupiert worden von theologischen Auseinandersetzungen, die ihre Spuren hinterlassen haben. Einzelne Formulierungen oder Riten wurden verändert und sollten damit zugleich eine neue Identität schaffen, die als konfessionelle Markierung diente. Ein Beispiel dafür ist der sogenannte „Laienkelch“ bei der Austeilung der Abendmahlsgaben. Oder der Zeitpunkt des Sündenbekenntnisses. Die Gottesdienstversammlung wurde zu einem beeinflussbaren Theologieprodukt, das wiederum die Gläubigen beeinflussen sollte. Übersehen wurde dabei, dass die Liturgie nach einer Art eigenen, ihr innewohnenden Grammatik abläuft. Der Charakter und die Würde des Gottesdienstes entwickeln ihre eigenen Regularien, die durch Eingriffe substantiell beschädigt werden können.

So wird zum Beispiel die Bitte um die Einheit der Christen fast überall gesprochen, aber gleichzeitig erscheint es unvermeidlich, dass eine große Anzahl von Feindbildern gegenüber anderen Kirchen unausgesprochen mittransportiert wird. Der Gottesdienst ist leider immer auch ein Produkt eines Milieu-Imperiums geblieben. Früher wussten Katholiken und Protestanten genau, was im Gottesdienst der anderen Kirche falsch war, ohne je einen solchen besucht zu haben. Heute weiß man es irgendwie immer noch, ohne je auch einen Gottesdienst der eigenen Kirche besucht zu haben.

Das Verhältnis von Wort und Sakrament wird in der evangelischen Mainstream-Welt immer noch mit der paradoxen Überordnung des Wortes vor dem Sakrament beschrieben und die Sakramente werden zu „bloßen“ Zeichenhandlungen (Sinnzeichen), die zweitrangig, vielleicht sogar letztlich verzichtbar sind, herabgestuft. Diese weisen zwar auf etwas hin, vermitteln aber selbst keine Gnade. Hier ist das lutherische Verständnis von den Gnadenmitteln von der reformiert-unierten Anschauung verdrängt worden. Die Feier des Heiligen Mahles ist nicht konstitutiv für den sonntäglichen Gemeindegottesdienst und findet dort deshalb auch nur gelegentlich statt.

Es gibt in der katholischen Liturgik die scheinbar nie endende Auseinandersetzung zwischen der Epiklese als dem Zeitpunkt der Verwandlung der eucharistischen Gaben und dem Wandlungswort des Priesters. Einzelne theologische Grundlagen des Gottesdienstes werden an einen bestimmten

Zeitpunkt des Gottesdienstablaufes festgemacht und gegen andere Konzepte ausgespielt. Man übersieht, dass die theologischen Grundkategorien, die an manchen Punkten besonders zum Ausdruck gebracht werden, zuallererst für den ganzen Gottesdienst gelten.

Der ganze Gottesdienst ist Eucharistie (Danksagung), Offertorium (Lob- und Erlösungsopfer), Anamnese (Gegenwart der Heilstaten Gottes), Epiklese (Herabrufung Gottes, des Heiligen Geistes), Wandlung (der Herzen und Gaben), Bekehrung (von der Gottesferne), Buße (des sündigen Menschen), Vergebungszusage Gottes und zugleich das Erbitten der Einheit aller Christen wie auch das Feiern der zukünftig zugesagten Einheit. Der ganze Gottesdienst ist die Heilige Kommunion, in der sich Gott und Mensch begegnen. Natürlich sollte man diese dann auch im Altarsakrament feiern. Dieses mag in den Gottesdiensttypen der verschiedenen Kirchen je unterschiedlich und an unterschiedlichen Stellen sichtbar werden. Das Wort Gottes ist sakramental und das Sakrament ist das Wort Gottes. Die prophetische Dimension wirkt sakramental auf die Welt und die heiligen Gottesdienste der Christen sind prophetische Zeichen.

Zu sehr zieren sich die Kirchen mit den Hindernissen, die sie sich gegenseitig in ihren Gottesdiensten aufgerichtet haben und die gelöst werden könnten, wenn es ihnen wirklich im Gottesdienst primär um den Gottesdienst ginge und nicht um die Melodien der Milieus. Die byzantinische Tradition kennt für die Zulassung zur Kommunion in ihrer liturgischen Grammatik die Aufforderung, mit Gottesfurcht, Glaube und Liebe hinzuzutreten, nachdem sich die Gläubigen vor dem Gottesdienst und im Verlauf des Gottesdienstes auf die Kommunion vorbereitet haben. Ein solcher Ansatz klingt anders, als die generelle Einladung aller (manchmal auch Ungetaufter) zum evangelischen Abendmahl, das selten gefeiert wird, oder die prinzipielle katholische Ausschließung getaufter Mitglieder anderer Kirchen, die man mit einer Rhetorik des Bedauerns ummantelt und bei der die Kategorien Gottesfurcht, Glaube und Liebe keine Rolle mehr spielen. Die Dialoge der Ökumeindustrie behandeln den Gottesdienst wie ein Nebenprodukt der Kirchen, kaum aber als gemeinsamen Weg zur Quelle der Offenbarung.

Anthropozentrisch gepolt

Zu den im evangelischen Bereich bekannten Standard-Slogans gehört der Satz, den der lutherische Theologe und am Widerstand gegen das NS- Regime beteiligte Pfarrer Dietrich Bonhoeffer 1938 nach der Brandschatzung der Synagogen gesagt hat: „Nur wer für die Juden schreit, darf auch gregorianisch singen.“ Zusammen mit dem Begriff des „religionslosen Christentums“ wird er oft nicht theologisch differenziert mit anderen Schriften Bonhoeffers abgeglichen, sondern simplifiziert als Ausdruck einer vermeintlichen protestantischen Überlegenheit über Religion und religiösen Kultus verwendet. Das Ideal einer kultlosen, vielleicht sogar gottesdienstlosen Christengemeinde, die sich aufklärerisch überlegen weiß über die alten, bösen und die Menschen knechtenden und zu falscher religiöser Sicherheit verführenden kultischen Formen, weiß sich geadelt durch den Einsatz für einen politischen und ethischen Humanismus. Während Martin Luther das Rechtfertigungsgeschehen als ein im gottesdienstlichen Geschehen verankerte Erfahrung ansah, die in der Heiligen Messe von außen her dem Menschen zugesprochen wird, die er sich also keinesfalls selbst zusprechen kann, verfolgt die undifferenzierte polemisch verwendete Bonhoeffer-Aussage eine andere Spur. Man behauptet Theologie in allen Bezügen ist nur dann sinnvoll und richtig, wenn sie anthropozentrisch einen Nutzen hat. Der Mensch muss in den Mittelpunkt auch des gottesdienstlichen Geschehens gestellt werden. Natürlich kann, soll und darf der christliche Gottesdienst die Probleme, Aufgaben und Nöte der Welt nicht im Konzept einer Vertröstung auf das Jenseits überspringen, aber die sozialethische Dimension des Gottesdienstes darf nicht einfach gegen die liturgische ausgespielt werden. Dann müsste man auf gleicher Eben nachfragen, warum eigentlich in der evangelischen Kirche so wenig gregorianisch gesungen wird, wo sie doch inzwischen politisch immer korrekt zu sein scheint.

Theologisch differenzierter muss man sagen, dass die Transzendenz oder die transzendente Ausrichtung des Gottesdienstes gar nicht gegen die Immanenz ausgespielt werden muss und kann. Ein anthropozentrischer Aufstand gegen die theozentrische Ausrichtung muss nicht stattfinden und ist überflüssig. Denn die Basis des Gottesdienstes ist die Menschwerdung des Gottessohnes. Inkarnation, Opfer, Auferstehung und Himmelfahrt des Transzendenten geschieht im Humanen. Die vertikale Ebene der Inkarnation ordnet die horizontale Ebene des Humanum verhüllt mit ein. In der Gegenbewegung dazu werden die horizontalen Dimensionen menschlicher Existenz im Opfer Christi verhüllt und mit ihm in der göttlichen Dimension aufgehoben, verwandelt und gestärkt. Die Aufgabe des christlichen, heiligen Gottesdienstes ist es, diese beiden verhüllt stattfindenden Dimensionen in der Verkündigung sakramental und im Sakrament verkündigend zu entschlüsseln. Leider muss man den Eindruck gewinnen, dass in den westlichen Kirchen beide Dimensionen aus der Balance gekippt sind.

Eine Fülle von als Hilfsmittel erschienenen Gottesdienstentwürfen im katholischen und evangelischen Bereich auch für die Zunft der pastoralen Referenten und Referentinnen, der Prädikanten und Prädikantinnen, vermittelt mit superaktuellen Fürbitten, Geistesblitzen zur Eröffnung, Gedankenimpulsen zu besonderen Tagen, Heiligen und verschiedenen Anlässen den Eindruck, als wenn die Kirchen sich ständig dafür entschuldigen müssten, an einen Dreieinigen Gott zu glauben, und in der Angst lebten, vermeintlich nicht aktuell zu sein. Dazu gehört auch die mehr im evangelischen Bereich verankerte Phobie, dass sich wiederholende Formen gottesdienstlichen Lebens nicht mehr echt oder lebendig seien. So erklärte ein langjährig in Dialogen mit der orthodoxen Kirche tätiger evangelischer Pfarrer, die Orthodoxen hätten es bis heute nicht geschafft, anständige Fürbitten zu formulieren und würden immer auf ihre überkommenen Ektenien ausweichen. Ein siebenbürgischer lutherischer Professor hatte gezählt, wie oft in der byzantinischen Liturgie für den Bischof gebetet wurde, und stellte die Frage, ob nicht ein einziges Mal auch reichen würde, dieses dann aber von Herzen. Natürlich können Wiederholungen auch oberflächlich werden und ins Formelle abgleiten, sie können aber auch der inneren Vertiefung dienen. Die Melodie eines Singvogels wird auch von ihm wiederholt, dieses ist sein einzigartiger Gesang. Ein Musiker würde sicherlich kein gutes Konzert geben, wenn er nicht vorher wiederholt geübt hätte.

Auf die Insel verbannt

Einem eigenartigen Phänomen im gottesdienstlichen Bereich begegnet man in den westlichen Kirchen in deren Umgang mit ihrem Gottesdienstraum. Einig ist man sich, dass dieser Raum als Ort der gottesdienstlichen Versammlung irgendwie darauf hinweist, dass es der Schauplatz eines zumindest in Ansätzen gedachten heiligen oder heiligenden Geschehens und heiliger Handlungen ist. Ob der Gottesdienstraum nur ein Hinweis auf die besonderen Orte der Verkündigung oder heiligen Orte der Anbetung ist, die die biblischen Traditionen kennen, oder selbst als heiliger Ort gedacht oder ausgestaltet ist, ist unterschiedlich. Zumindest könnte man ihn als Ort ansehen, an dem sich ein offenbarendes Geschehen oder eine sich offenbarende Wirklichkeit abspielt.[2] Im evangelischen Bereich tendiert man in den letzten Jahrzehnten eher dazu, das Kirchengebäude selbst als Gestaltungsraum für ein variables „Verkündigungsgeschehen“ anzusehen, bei dem die sogenannten „Prinzipalstücke“, also Altar, Kanzel und Taufstein, örtlich variabel und je nach Geschmack und Konzept aufgestellt und nach besonderen Ideen oder künstlerischen Aspekten gestaltet sind. Gleichzeitig sind aber die Prinzipalstücke wieder so unwichtig, dass sie in vielen Kirchen seit Generationen in Ruhe gelassen wurden. Viele Gemeinden haben sich schon lange von Kirchenbänken verabschiedet, um die kommunikativeren und bequemeren Stühle zu bevorzugen. Kirchliche Architekten haben in manchen Landeskirchen seit den siebziger Jahren die indirekte Beleuchtung des Altarraums ersetzt durch die Möglichkeit von Licht- und Farbenspiel und haben dadurch funktionelle Kulturräume statt Kulträume mit mystischen Relikten geschaffen. In Gemeindezentren wurden Gottesdiensträume auch als Mehrzweckräume gestaltet, bei denen eine kleine Kultecke abgetrennt werden konnte oder mit verschiebbaren Prinzipalstücken gearbeitet wurde. Während in den Ostkirchen der Kirchenraum bereits nach einem eigenen, nicht subjektiv variierbaren Konzept mit Bildprogrammen oder besonders gekennzeichneten Wegeprogrammen vorgefunden werden soll[3], die selbst in das gottesdienstliche

---

[2] Jean-Luc Marion, Die Öffnung des Sichtbaren, Paderborn 2005

[3] Pavel Florenskij, Die Ikonostase, Stuttgart 1990

Geschehen einbezogen werden, folgt man im evangelischen Bereich der merkwürdigen Vorstellung, als wenn das „Verkündigungsgeschehen" eigentlich etwas anderes ist und sein muss als ein kultisches Geschehen. Man übersieht aber dabei gern, dass auch die freikirchlichen Gottesdiensträume einschließlich der besonderen Tauforte eigene bauliche und rituelle Vorschriften befolgen mit dem Habitus, als wenn dieses echt und lebendig sei im Gegensatz zu dem „toten Ritualismus" der Volkskirchen. Auch der freie, lebendige und dem alten Kult sich hoch überlegen fühlende freikirchliche Gottesdienst folgt den Zwängen seiner Freiheit, oft bis hin in einzelne Formulierungen. Immerhin bemühen sich viele Kirchen, die Gotteshäuser nicht nur zum Gottesdienst, sondern auch zu anderen Zeiten geöffnet zu haben. Die ehemalige Landesbischöfin Margot Kässmann kann sogar wieder von Kirchen als - man höre und staune - „zuallererst durchbetete(n) Räume(n)"[4] sprechen. Wieweit diese Aussage durch die Realität in den evangelischen Kirchengemeinden in der Gegenwart abgedeckt ist, mag jeder selbst beurteilen.

In den katholischen Kirchen kann man seit einiger Zeit das Phänomen der Einrichtung von sogenannten „Altarinseln" beobachten. Das heißt, mitten im bisherigen Kirchenraum wird ein inselartiges Podium errichtet, auf dem Ambo und Altar als „Tisch des Wortes" und „Tisch des Mahles" stehen und wohl auch Kreuz und Kerzen. Die Sitzgelegenheiten und damit auch der ganze Raum sind neu auf diese Insel ausgerichtet. Der alte Kirchenraum mit seinen bisherigen Gegenständen bildet aber keine architektonische Einheit mit der neuen Insel mehr und man kann ihm oft noch ansehen, wo der frühere Hochaltar gestanden hat, vielleicht ist seine Altarrückwand noch vorhanden, und wo der erste Volksaltar gestanden hat. Es hat also eine Altarwanderung vom Hochaltar zum Volksaltar und dann zum Inselaltar stattgefunden. Im Linzer Mariendom ist seit 2017 sogar ein Teil der neuen Altarinsel absenkbar, damit in „gottesdienstfreien Zeiten" dem Besucher ermöglicht wird, „mitten im Dom" zu stehen.[5] Diesen Bereich nennt man dann die „liturgische Passage". Kritiker nennen die neue Gestaltung wegen seiner klotzartig, wuchtig wirkenden Teile jedoch „Stonehenge". Man zeigt sich überzeugt, dass der postmoderne Mensch, der so im Mittelpunkt kirchlichen Handelns steht, auf diese Weise wieder Zugang zum Gottesdienst erhält. Es wäre an dieser Stelle auch zu diskutieren, inwieweit die schon vor der Inselmode üblich gewordene Abweichung von der im Christentum traditionellen Gebetsrichtung nach Osten theologisch und kulturgeschichtlich überhaupt angezeigt ist. Auch auf vielen kirchlichen Friedhöfen werden die Verstorbenen ja mit dem Gesicht nach Osten gewendet beerdigt.[6] Und wenn man davon ausgeht, dass es gerade im Bereich der Symbolsprache eine natürliche Kongruenz zwischen äußerlichem Ausdruck und innerer Haltung gibt, kommt man nicht umhin festzustellen, dass die Gebetsrichtung „ad orientem" eine Hingabe des gottesdienstlichen

[4] Süddeutsche Zeitung vom 25.03. 2016
[5] KiZ-ePaper Nr. 50/2017
[6] Uwe Michael Lang, Conversi ad Dominum, Freiburg 2003

Geschehens an den Dreieinigen Gott anzeigt und die Gebetsrichtung „versus populum“ mehr eine Präsentationshandlung zur Gemeinde hin zum Ausdruck bringt.

Hier soll nur darauf hingewiesen werden, dass wohl an kaum einer anderen Stelle so deutlich wird, welchen Bruch die Liturgiereform, die vom Vaticanum Secundum angestoßen wurde, mit der traditionellen Beheimatung der Gläubigen in der katholische Kirche ausgelöst hat. Die einst „durchbeteten“ Seitenkapellen wirken wie Museumsnischen oder werden als Sitzecken oder Babyecken umgestaltet. Man verzeihe das drastische Bild, aber man könnte den Eindruck gewinnen, es sei mit der Umgestaltung der alten Kirchenräume so, als wenn mitten im Opernhaus ein Zirkuszelt mit Manege aufgeschlagen worden ist. Man kann noch sehen, wo die Bühne mit Vorhang war und wo im Orchestergraben die Symphoniker gespielt haben, aber die Aufführungen spielen sich jetzt in der Manege ab. Dorthin zieht man ein und die Zirkuskapelle hat auch einen neuen Ort gefunden. Man merkt auf jeden Fall, dass die neu aufgestellte Konzeption und das alte Kirchengebäude architektonisch zwei ganz unterschiedliche Melodien spielen. Als Nebeneffekt kann man sich zugutehalten, dass sich die immer kleiner werdende Gemeinde im großen Gotteshaus nicht mehr so verloren vorkommt.

Unerlöst

Eine weitere Verschiebung im Gottesdienstverständnis hat sich im systematisch-theologischen Bereich abgespielt. Dort erfolgte eine Distanzierung von der westlichen Opfertheologie, gemäß der das Sühnopfer Christi, für die Sünden der Menschen dargebracht, mit Gott versöhnt und zum Ausgang eines Gnadengeschehens wird.[7] Im Gottesdienst wird des Kreuzesopfers Jesu Christi nicht nur in einer Art mentaler Erinnerung gedacht, sondern die Feier der Hl. Messe erhält „in unblutiger Weise“ realen Anteil an diesem Opfer, tritt in dieses ewige Opfer zeitlich ein. Dieses ist die Voraussetzung, dass den Gläubigen in einem Gnadengeschehen eine Erlösungskraft zugeeignet werden kann. Der Gottesdienst ist also Träger eines erlösenden gnadenhaften Geschehens. Hierbei unterscheiden sich klassisch die katholische forensische Satisfaktionslehre und die lutherische forensische Justifikationslehre nur in der Nuance, dass nach lutherischer Auffassung die Annahme durch den Glauben stärker betont wird. Die ostkirchliche Tradition verwendet zwar eine andere Begrifflichkeit, teilt aber diese Grundansicht.

Die in letzter Zeit immer zahlreicher werdenden theologischen Distanzierungen vom Sühnopfer Christi spielen sich auf der Argumentationsebene ab, dass ein „guter Gott“ doch nicht von seinem eigenen Sohn das blutige Opfer verlangen

---

[7] Odo Casel, Mysterientheologie, herausgegeben vom Abt-Herwegen-Institut der Abtei Maria Laach, Regensburg 1986, 79 -86

kann. Das wäre doch ein grausamer Gott wie im Heidentum. Die theologische Diskussion spielt sich auf der Ebene der Einordnung des Begriffes „Sühnopfer" ab. Gott brauche kein Sühneopfer, er müsse auch nicht besänftigt werden.[8] Diese Diskussion ist aber längst abgerutscht auf ein simpleres Level. So erklärte eine prominente evangelische Prädikantin, sie glaube nicht, dass sie so viele Sünden begangen hätte, dass Jesus dafür extra hätte sterben müssen. Wahrscheinlich singt sie trotzdem an Heiligabend dann gedankenlos gern die zweite Strophe des beliebten Weihnachtsliedes mit, in der es heißt „Christ ist erschienen, uns zu versühnen".[9] Ein katholischer Referent machte sich lustig und meinte, es sei egal, wo und wie Jesus gestorben sei, darum ginge es gar nicht. Und setzte noch kichernd hinzu, dass er genauso gut in einem Bett gestorben sein könnte und dass dann alle ein kleines goldenes Bett an einem Kettchen um den Hals tragen müssten. Jesus wird als tragisch-humanistischer Held betrachtet, der durch die zeitgeschichtlichen und politischen Zusammenhänge sein Leben für „seinen Glauben" verloren hat.

Die Frage, die für den gottesdienstlichen Bereich eigentlich im Hintergrund steht, ist, ob der Gottesdienst einen gnadenhaften und erlösenden Charakter trägt, dessen Teilhabe für die christliche Existenz absolut nötig und lebenswichtig ist, oder ob es reicht, ihn als eine gelegentliche ethische Besinnungsstunde, politische Mahnwache und Ermutigung zur Lebenskunst zu verstehen und dementsprechend zu behandeln. Gilt also eine Emanzipation des Ethos vom Ritus als neues Ideal und bleibt nur der Gottesdienst als Zweckanzeige? Doch das Verhältnis von Ethos und Ritus einfach lösen zu wollen, indem man ganz auf den Ritus verzichtet, scheint nicht unproblematisch zu sein. Der Philosoph *Robert Spaemann (1927-2018)* macht geltend, dass, wenn das sittliche Gesetz es gebietet, den Menschen jederzeit als ein Unbedingtes zu achten, er selbst zum Symbol und Repräsentant des Unbedingten wird. Damit berührt er die Dimension der Ebenbildlichkeit Gottes. Dieser Mensch wird aber nicht geachtet, wenn seine Riten nicht geachtet werden, die aus dem Umgang des Menschen mit seiner Endlichkeit erwachsen sind.[10] Verliert der Gottesdienst seinen gnadenhaften, also erlösend wirksamen Charakter, käme man zu der Vorstellung, dass der Mensch durch die Verbesserung seines Charakters und durch besseres ethisches Verhalten sich und die Welt selbst erlösen kann. Dafür reicht die Vorstellung eines Jesus, der wegen seiner bedingungslosen Liebe tragisch sterben musste und der zum Ethiklehrer wurde, aus. *Spaemann* bewertet einen solchen Ansatz als historisierend dürftig und hält eine aufklärerische Religion, die sich nur im Bereich „innerhalb der bloßen Vernunft" aufhalten darf, als für zu kurz gegriffen. Auch stellt er vor dem Hintergrund exegetischer Überlegungen die Grundsatzfrage, ob ein opferloses

[8] EKiR (Hg) „ Aus Leidenschaft für uns" eine Arbeitshilfe, Düsseldorf 2010
[9] EG 44
[10] Robert Spaemann, Ritual und Ethos, in. Sinn und Form 44/3 2002, 310- 324

Christentum überhaupt möglich sei. Für ihn ist es nicht entscheidend, dass das Opfer Möglichkeit wird, sondern Wirklichkeit.[11]

Unverbindlich

Im evangelischen Milieu wurde lange Zeit die selbstrechtfertigende Bewertung in Umlauf gehalten, dass die Katholiken wegen der Sonntagspflicht ja zur Kirche gehen „müssten", den Evangelischen aber gestattet sei, eine Freiheit von dieser Pflicht in Anspruch zu nehmen, und sie deshalb veredelt formuliert zur Kirche gehen „dürften". Das heißt also nicht aus einem unterstellten formalen Grund, sondern aus einer innerlichen Notwendigkeit. Beide vulgärtheologischen Behauptungen bleiben im Ansatz stecken, dass der Gottesdienst eigentlich eine menschliche Veranstaltung sei, mit der man nach Gepflogenheit oder Beliebigkeit umgehen kann und darf. Geht man aber von der Zwei-Nature-Lehre und der Inkarnationstheologie aus, ist der Gottesdienst eigentlich genauso und vermutlich zuallererst eine göttliche Veranstaltung. Freikirchen können noch betonen, dass Gott im Gottesdienst den Menschen ruft, die Ostkirchen sprechen von der „Göttlichen Liturgie". Doch diese Grundkonstellation ist ins Wanken geraten. Die verborgen anwesende Realpräsenz Gottes wird nicht mehr geglaubt, egal ob man sie als eucharistische oder spirituelle Realpräsenz gelernt hat.

Von einer Sonntagspflicht mag man kaum noch sprechen: katholische Erstkommunionkinder und evangelische „Konfis" bekommen eine Auswahl an Gottesdiensten verpflichtend vorgelegt, die einem Unterrichtsprogramm beigeordnet sind. Der Gottesdienst wird nicht behandelt, also ob er für das Leben der Menschen überlebenswichtig wäre. Es wird nicht geglaubt, dass am Altar das Schicksal des Lebens entschieden wird, sondern man arbeitet „bedürfnisorientiert". So bleibt der Gottesdienstbesuch gelegentlich, unverbindlich und bedeutungsgeladen bedeutungslos. Man möchte es eigentlich nicht wissen, wer vom „religiösen Personal" dann aus Liebe zum Gottesdienst wirklich einen solchen besucht, auch wenn er dienstfrei oder Urlaub hat.

Die Gemeinde sucht nicht mehr erstaunt, scheu und eifrig die Möglichkeit, dem Dreieinigen Gott realistisch persönlich in Raum und Zeit der Kirche zu begegnen, um aus dieser Begegnung Gnade und Kraft zu schöpfen. Die Gegenwart Gottes ist allenfalls zu einer hilfreichen Idee oder Chiffre verkommen, die jedoch nur im übertragenen Sinn verstanden werden kann. Das „Sein" wird zur „Bedeutung", die auch ohne das „Sein" auskommen kann. Der Gottesdienst „bedeutet" nur noch Gottesdienst und wird zu einer Art nominalistischer Ableitung.[12] Während man sich beim Original auf einen unberechenbaren Weg macht, in einem innerlichen spirituellen und äußerlichen rituellen Prozess Gott zu suchen, ihm dabei nicht automatisch, aber nach seinem Willen zu begegnen und damit zu rechnen, dass

---

[11] Robert Spaemann, Ist ein opferloses Christentum möglich in: (CIEL, Hg.) Altar und Opfer (ohne Ort) 1998

[12] Michael Meyer-Blanck, Inszenierung des Evangeliums. Göttingen 1997, 44f.

diese Begegnung alles verändern kann, bleibt die Kopie in jedem Moment berechenbar und beherrschbar: Der Kopist entscheidet, was er wie von dem Original warum verwendet. Die Kopie will aber keinesfalls mit dem Original verwechselt werden. Sie steht in einem besonderen inhaltlichen und psychologischen Verhältnis zum Original und entwickelt eine eigene Dynamik. Sie behauptet, im Dienst des Originals zu stehen, auf das Original hinzuweisen und gleichzeitig einen besonderen besseren Umgang anzubieten als das Original. Der Kopist wird aggressiv, wenn man sagt, das Original sei besser. Ist das Original verbindlich muss die Kopie unverbindlich bleiben. Verlangt das Original Hingabe, beharrt die Kopie auf Kontrollierbarkeit. Die Kopie - und das ist der Trick - will und darf aber nicht minderwertig sein und entwickelt nun ihrerseits eine Re-Adaption des Originals mit den Elementen, die sie am Original kritisiert. Kein Wunder, dass ein solcher Gottesdienst für die Gläubigen letztlich unverbindlich bleibt. Das verbindliche Original wird so von der unverbindlichen Kopie, die sich als neues Original ausgibt, ersetzt.

Neo-Usus-Recycling

Es entsteht ein neuer Typ von Gottesdienst, der den alten kritisiert, reformiert, reinigt und in gewisser Weise entkernt, aber selbst behauptet, alles Wichtige besser bewahrt zu haben, und sich nun selbst neorituell inszeniert. Der Weg vom Ab-usus führt nicht zurück zum rechten Gebrauch, sondern zu einem Neo-Usus, der zum Spitzenmodell deklarieret wird. Dieser Neo-Usus wird in evangelischen Predigerseminaren und katholischen Pastoral-Seminaren in vielen einzelnen Aspekten trainiert, weil man meint, man habe damit eine Antwort auf die gegenwärtige Gottesdienstkrise gefunden. Gleichzeitig ist der Neo-Usus ein Geschehen mit dem man umgehen kann. Einzelne Elemente können ausgeklügelt eingesetzt werden. Dieser Gottesdienst kann bei den Menschen besser ankommen, als der bisherige. Auch im katholischen Bereich haben sich Neo-Usus und Novus-Ordo vermischt. So kann zum Beispiel bei einer Erstkommunionfeier die Pastoralreferentin mit Hilfe des Evangeliums vom Zöllner Zachäus unter dem Motto „Du bist groß bei Gott“ eine bewährte Mischung von katechetischem Spiel, Sacro-Pop und gültigen eucharistischen Restelementen präsentieren. Für letztere ist dann natürlich aus formalen Gründen doch noch ein Priester notwendig.

Es ist schwer, wie man diesen Typ von Ableitungs-Gottesdienst bezeichnen soll, da er selbst die Bezeichnung Gottesdienst für sich beansprucht. Es finden sich im säkularen Bereich kaum passende Parallelen. In der Musik wollen Bearbeitungen das Original nicht entkernen, sondern mit Achtung und Faszination besser zur Geltung bringen. Das Spiel der Kinder will die Spiele der Erwachsenenwelt mit eigenen Möglichkeiten adaptieren. Auch der Begriff „Placebo“ greift wahrscheinlich zu kurz. Es ist eine Art „Recycling“ mit dem Anspruch, dass man aus dem Alten etwas Neues machen kann. Man gibt vor, die alten Materialien zu verwenden, die man dabei aber nicht nur reinigt und erneuert, sondern man nimmt sich die Freiheit, Stil und Materialien zum Besseren zu verändern und nach eigener Erkenntnis auszuwählen. Der Recycling-Prozess selbst ist aber kein gottesdienstliches Geschehen, sondern ein pädagogisierendes Puzzlespiel. Das Resultat ist ein Ergebnis, das unter gleichem Namen ein scheinbar gleiches verbessertes Produkt hervorbringt, das bleifrei, koffeinfrei, alkoholfrei, vegan ist und nur geringe Spuren von Nüssen und Schalenfrüchten enthalten kann. Maßstab ist die Bekömmlichkeit der Verbraucher, das gute Echo und die marktgerechte Darbietung. Der neorituelle Gottesdienst kennt keine Tabus mehr. Alle Musikrichtungen und Videoclips können eingespielt werden, alle Textbausteine können vorgetragen werden, alle Sensationen können dargeboten werden. Bei einer katholischen Trauung im Bistum Osnabrück wurden in einer besonderen Prozession die Trauringe zum Altar gebracht - durch einen Hund. Dass der Gottesdienst mit Wort und Sakrament als das Wort vom Kreuz in der Welt ein Ärgernis bleibt, eine Torheit, und die Weisheit der Weisen zunichtemacht[13], wird in die Kulissen gestellt. Ein Pfarrer der bayerischen Landeskirche erwähnte in einer Pfarrkonferenz, als der Name einer Kirche fiel, dass er dort auch schon einmal „gegottesdienstelt“ hätte.

Bedrückend unentrinnbar

Anscheinend dienen dem gottesdienstlichen Personal für den recycelten Gottesdienst Radio- und TV-Formate als Vorbild. Die liturgischen Damen und Herren fühlen sich gedrängt, sich in der Kunst der Moderation zu üben, um die Besuchenden abzuholen, zu begleiten und zu entsenden. Aus „gratia praeveniens, concomitans und subsequens“ ist ein Programm von anmoderierten und erklärten liturgischen Häppchen geworden, dem man nur schwer entkommen kann. Kaum ein Gottesdienst, in dem man nicht persönlich herzlich begrüßt und verabschiedet wird oder bei dem mit kleinen Anmoderationen auf der sogenannten emotionalen Ebene Verständnis produziert wird. Auch hat damit eine gewisse Variationsbreite der klassischen gottesdienstlichen Elemente stattgefunden, die ihre Dignität nun aus der persönlichen Bewertung der Moderierenden zu erhalten scheinen. Dadurch wird ebenfalls eine vermeintliche Hoheit über den Gottesdienst zum Ausdruck gebracht. Was man als besser verstanden hat, wird gnadenlos eingebaut. „Gern taufe ich dich im Namen…“ „Gehet hin und bringet Frieden“, man könnte ein Florilegium erstellen. Gelegentlich wird auch das kleine Witzchen in der Anmoderation von Lesungen erprobt, damit die Gemeinde den Eindruck hat, der Pfarrer sei aber heute gut drauf. Man denkt, das Frühstücksfernsehn läuft, bei dem alles auf Entspannung, kleine Tipps und einfache Zusammenhänge abgestimmt ist, eingebaut in einen zusätzlichen Rahmen zwischen einem warmen Kaffee und einem sich neckenden Moderatorenpärchens in gespieltem Flirt-Modus.

---

[13] In Anlehnung an 1.Kor. 1, 18- 31

Ein Sonderfall dieses Paarverhaltens als gottesdienstliches Element findet im evangelischen Bereich statt, wenn ein „Pfarrpaar“, also verheiratete Pfarrer(in) und Pfarrer(in), die sich eine Pfarrstelle teilen, nun gemeinsam Gottesdienste halten, eingeführt oder verabschiedet werden. Es ist wie die Kür beim Paarlaufen. Kleine höfliche Gesten, der verliebt lächelnde Umgang miteinander, die gespielten Neckereien gehören dann mit zur Aufführung und werden vom Paar instinktiv gegeben. Dieses wird natürlich von der Gemeinde pseudoverständnisvoll gern mit einem Kichern begleitet. Aber auch im katholischen Bereich hat man in diesem Bereich hinzugelernt. In vielen Kirchen tritt bei Werktagsmessen ein liturgisches Paar als Team auf. Dem Priester zur Seite steht eine liturgische Dame, die zugleich als Lektorin, Ministrantin und Kommunionausteilerin tätig ist und „als Frau“ eine Art Gleichgewicht zum Handeln des Priesters „als Mann“ bildet. Dahinter steht die intern ausgegebene Absicht, die Stellung der Frau im gottesdienstlichen Leben aufgewertet erscheinen zu lassen. Damit möchte man die Kontroversen um kirchliche Ämter für Frauen angestoßen durch den „Synodalen Weg“ ein wenig aus der Schusslinie zu nehmen.

Auf Montage

An den Fließbändern wird bei der Montage der Gottesdienste eine besondere Hermeneutik angewendet. Die überlieferten Traditionen werden nicht mehr in ihren alten theologischen Zusammenhängen und Dignitäten betrachtet, sondern als Einzelelemente verwendet. Man sagt, diese Elemente haben früher den Gläubigen etwas bedeutet, das müssen wir respektieren. Gegenwärtig aber wird ihnen diese Bedeutung nicht mehr zuerkannt. Die Elemente sind theologisch zu steil oder mit falscher Autorität versehen. Daher müssen die Einzelelemente mit neuer psychologischer, pädagogischer oder soziologischer Bedeutung versehen werden. Sie können und müssen dabei auch in andere, neue kommunikative Zusammenhänge gestellt werden. Man kann durchaus auch unpassende Elemente der Traditionen übergehen. Es geht um eine neue Sinngebung.

Dieses betrifft auch den sogenannten „Ökumenischen Gottesdienst“. Die Kirchen haben ihre bisherigen harten und vorurteilsgeladenen Traditionen elementarisiert, entschärft und umgänglich gemacht, dabei aber grundsätzliche Dinge einvernehmlich ausgeklammert. Man umschifft gekonnt den Bereich sakramentaler Verbindlichkeit und läuft zur Hochform auf bei wohlfeilen kommunikativen Elementen. Man kann zusammen gut fröhlich, nachdenklich, betroffen und engagiert sein. Jede Kirche oder kirchliche Gemeinschaft oder kirchlicher Zusammenschluss kann seinen profilierten Beitrag leisten und sein eigenes Lied singen wie beim European-Song-Contest die Nationen. Man verfolgt das Motto: Schaut her, wie gut kann man miteinander leben, wenn man getrennt ist und zum Glück bleiben darf.

Zu den Produktmerkmalen des montierten Gottesdienstes gehört auch das Phänomen, dass theologische Zuspitzungen und liturgische Formeln vermieden werden, die klare trinitarische und christologische Bezüge enthalten. Man folgt dem Ansatz: „So kann man das doch heute nicht mehr sagen." Man spricht zwar Gebete, aber man betet sie nicht mehr. Denn Gebetstexte können ja die Funktion haben, Betroffenheit, Klage und Ängste der Menschen zum Ausdruck zu bringen. Das Sprechen kann Trost und Solidarität zum Ausdruck bringen auch unabhängig davon, ob die Texte an einen Gott gerichtet sind, an den man vielleicht nicht mehr glauben kann oder will. Aber dass Gott mit seiner Gegenwart und mit seinem Handeln auf Gebete antwortet, ist nicht mehr im Blick. Es werden neue theologische Spitzensätze formuliert. In einer katholischen Kathedrale[14] liegt seit Beginn der Ukraineinvasion durch das Putin-Regime vor der brennenden Ukrainekerze ein Gebetszettel aus, bei dem natürlich die Elemente „Werkzeug deines Friedens" und „Jesus, König des Friedens" nicht fehlen dürfen, wo dann aber als Spitzensatz formuliert wird: „Lass uns an die Hoffnung glauben, dass alles gut wird". Bei einem Trauergottesdienst in der pfälzischen Landeskirche wurde der traditionelle Kanzelgruß gekürzt und hieß nun: „Gnade sei mit euch und Friede". Es fehlte: „von dem, der das ist und der da war und der da kommt." Die Veränderung oder das Weglassen christologischer und trinitarischer Formeln signalisiert auch eine Distanzierung von deren theologischem Inhalt. Das wird der Dreieinige Gott schnell zur „alles umfassenden Schalomkraft".

Im evangelischen Predigerseminar Kloster Loccum wurden solche Produktmerkmale schon währen der Vikarsausbildung in den 1970er Jahren bemerkt und mit dem sogenannten „Loccumer Abendgebet" karikiert. Es lautet: „Ich bin klein, mein Herz ist rein. Soll niemand drin wohnen. Amen."

Negative Liturgik und toxische Positivität

Der Blick in die Negativ-Programme, die im Bereich des Gottesdienstes nicht nur mitschwimmen, sondern in letzter Zeit dominant geworden sind, dient nicht dazu, irgendeinem Ärger Luft zu machen oder Skurrilitäten aufzuzeigen, sondern zu behaupten, dass alles dieses nicht ein von guten Absichten wunderbar geborgenes und eher versehentliches Agieren ist, sondern dass damit zugleich eine Infragestellung vom äußeren und inneren Weg des Gottesdienstes als Gottesbegegnung und Gottesoffenbarung erfolgt und beabsichtigt ist. Diese verborgene manipulative, von tausend Absichten begleitete Liturgie strahlt nicht selten eine „toxische Positivität" vom „guten Gott" und „guten Menschen" aus.

Wenn der Gottesdienst wirklich ganz göttliches und menschliches Geschehen ist, durchmischen immer menschliche Schwächen das göttliche Geschehen. Das war immer so. Die Gefahr eines mangelhaften und missbräuchlichen Umgangs

[14] Dom St. Peter zu Osnabrück

bezeugt die Hl Schrift und die in ihr enthaltene Kultkritik. Menschliches Handeln kann und wird Gottesdienste immer verdunkeln und angreifbar machen. Es findet im Gottesdienst immer ein Kampf zwischen menschlicher Verdunkelung und göttlicher Offenbarung statt. Man kann das, was das Sprichwort des orthodoxen, russischen Schriftstellers *Fjodor Dostojewski (1821-1881)* feststellt, in allen Aspekten auf die Liturgie, die Hl. Messe, den Gottesdienst übertragen: „Schrecklich ist das, dass die Schönheit nicht nur etwas Furchtbares, sondern auch etwas Geheimnisvolles ist. Hier ringen Gott und Teufel, und der Kampfplatz ist – des Menschen Herz.“ [15] Überraschend ist vielleicht, dass man bei diesem Kampfplatz Liturgie den Eindruck gewinnt, dass es eine Fortentwicklung bei diesem Kampf gibt. Und dass die Menschen davon ausgehen können, dass man das göttliche Handeln gar nicht mehr verdunkeln muss, weil es dieses überhaupt nicht gibt. Es geht also nicht mehr darum, ob und wie man richtig oder falsch vor das Angesicht Gottes tritt, sondern, wie man richtig oder falsch vor ein als Gottes Angesicht gewendetes Angesicht des Humanum tritt. Der Gottesdienst ist zu einem Platz rein menschlichen Handelns vor dem Hintergrund eines ehemaligen Gottes geworden, Gebet zum Selbstgespräch des Menschen, Predigt zur ethischen Ermahnung, die Eucharistie zum Solidaritätsfrühstück und die Gemeinde zum Narrenschiff der Künstler und Idealisten auf niedrigem Niveau.

Versuchungen

Es scheint so, als wenn sich in den westlichen klassischen Typen des lutherischen, reformierten, unierten und katholischen Gottesdienstes ein eigener Antityp eingenistet hat, der natürlich „ökumenisch“ alle miteinander verbindet. Dieser Antityp arbeitet nicht nur mit denselben Methoden und Elementen, sondern mit der allen gemeinsamen liturgischen Grundhaltung. Dieses gibt dem eingenisteten, verborgen gehaltenen Antityp eine eigene Macht und Dynamik. Dem Mysterium der Gottesbegegnung und Gottesoffenbarung tritt das Gaukelspiel der humanistischen Illusion zur Seite. Die in den Evangelien überlieferte Perikope der Versuchung Jesu in der Wüste kann man auch als Angriff auf den Gottesdienst lesen.[16] Die Aufforderung, Steine in Brot zu verwandeln, trifft auf die Epiklese, die den Menschen das „Brot vom Himmel“ geben möchte, das mehr ist als das Brot einer sozialen Gerechtigkeit. Die Aufforderung von der Zinne des Tempels zu springen, trifft auf die Anamnese, die die Heilstaten Gottes im Kult gegenwärtig setzt und mehr ist als eine Erinnerung an humane, vollkommene Liebe. Und die Aufforderung, den Versucher anzubeten, um alle Macht zu bekommen, ist die Umkehrung der Gebetsrichtung und trifft auf das Offertorium. Die Versuchungen ebnen den Weg für einen Antityp des Gottesdienstes. Interessant ist, dass anscheinend der Gottesdienst dieses alles mit sich geschehen

---

[15] Fjodor Dostojewski, Die Brüder Karamasoff, München 2004, 176f.

[16] Reinhard Thöle, Die Göttliche Liturgie und die Versuchungen Jesu in der Wüste, in: Thomas Kremer(Hg.),"Dein Antlitz, Herr, will ich suchen!“, Münster 2019, 379 - 388

lässt und auch alles ertragen und aushalten kann. Kein Wunder, dass dieser Gottesdiensttyp immun ist, gegen kritische theologische Anfragen und natürlich auch gegen die ursprünglichen Anliegen der liturgischen Bewegung. Der erneuerte Neo-Usus- Gottesdienst ist ja bereits schon modern, man kann ihn kaum verbessern. Gleichzeitig erklärt dieses auch die hohe Aggressivität, die denen entgegenschlägt, die an den Prinzipien des „alten Gottesdiensten" festhalten möchten. Dabei entlarvt sich zumeist, wes Geistes Kind die Verfechter des modernen Antityps sind. Im Bereich der evangelischen Kirche witzelte man über die Neo-Usus-Gottesdienste als „Toyota"-Gottesdienste in Anlehnung an den langjährigen Werbespruch dieser Automarke „Nichts ist unmöglich."

Ist es zu vermessen zu fragen, ob man mit oder in der Feier des gottesdienstlichen Antityps trotzdem Gott begegnen kann? Diese Frage muss eindeutig mit einem Ja beantwortet werden. Ja, wenn der Mensch sich danach sehnt und wenn Gott es gewährt. Die menschlichen Aspekte und sogar absichtliche Verdunkelungen können das Handeln Gottes nicht auslöschen. Wenn der Gottesdienst ganz göttliches und ganz menschliches Handeln ist, muss man davon ausgehen und hoffen, dass das göttliche Handeln stärker ist, gewinnt und mit dem menschlichen Handeln gnädig ist. Vielleicht ist das die Schwäche der sogenannten Traditionalisten, nicht, dass sie im Gewand der Tradition am Heiligen des Gottesdienstes festhalten möchten, sondern dass sie in ihrer Verteidigungshaltung dabei eine exklusive Haltung einnehmen. Vielleicht wäre es einladender, sie würden sich exemplarisch verstehen. Den Gottesdienst retten kann zum Glück nur der Dreieinige Gott allein.

Gottesdienstentgiftung

Im orthodoxen Gottesdienst der griechischen Tradition fordert der Diakon oder Priester vor der Austeilung der Kommunion die Kommunikanten auf und singt: „Mit Gottesfurcht, Glaube und Liebe tretet herzu."[17] Dieses erinnert an die Erklärung zum Dritten Gebot aus dem Kleinen Katechismus Martin Luthers „Wir sollen Gott fürchten und lieben, dass wir die Predigt und sein Wort nicht verachten, sondern dasselbe heilig halten, gern hören und lernen." Es geht um die innere Haltung und Vorbereitung, die man dem Gottesdienst entgegenbringt, und um die Reinigung des Gottesdienstes von mitlaufenden Programmen und Einstellungen, die ihn verfremden und verunstalten. Dieses können pseudotheologische Programme mit „pastoralen", soziologischen oder psychologische Sinngebungen sein. Dieses können auch pädagogische und konfessionelle Absichten sein, mit denen man etwas beweisen oder retten will. Wir können dem Gottesdienst damit weder einen Sinn geben, noch ihn verständlicher machen. Das Handeln Gottes bleibt unverfügbar aber empfangbar. Man kann ihm nur mit Absichtslosigkeit entgegentreten, mit leeren Händen, die

[17] Die Göttliche Liturgie unseres Heiligen Vaters Johannes Chrysostomos, München 2019, 43

Gott füllen möge, und mit scheuer Zurückhaltung. Dient der Gottesdienst persönlichen Profilierungen jeder Art, bekommt er einen peinlichen Beigeschmack. Gottesdienst hat nichts Anderes zu sein als „einfach nur" Gottesdienst. Er ist dabei nicht einfach, sondern folgt den Regeln der Begegnung mit einer Gottesoffenbarung. Der Gottesdienst mag in den Augen der Welt überflüssig, sinnlos oder sogar gefährlich sein, aber er erhält seine Dignität und seinen Sinn aus seiner Feier und nicht aus irgendwelchen Beiprogrammen.

Es ist ähnlich wie bei der Restaurierung von alten Fresken in einer Kirche. Die Übermalungen und Schutzschichten sind sehr vorsichtig abzutragen, damit man das Original nicht beschädigt. Dieses ist ein langwieriger Prozess. Zusätzlich sind aber auch die Spuren der Übermalungen und Schutzschichten von den Händen und Werkzeugen derer vorsichtig zu reinigen, die aus den unterschiedlichsten Motiven und verschiedensten Zusammenhängen das Original übermalt haben. Das Resultat wird überraschen. Man findet kein mehr oder minder wertvolles Original, das vervielfältigt werden muss. Man findet ein nicht fertiggestelltes Werk, an dem von zwei Seiten gemalt wird. Der Maler malt zwar das Bild, er wird aber von dem Bild auch selbst gemalt. Die Farben sind Gottesfurcht, Glaube und Liebe. Die Motive sind Christusbilder vom Menschen, als dem Ebenbild des unsichtbaren Gottes und Glanz seiner Herrlichkeit.[18] Der Gottesdienst ist ein faszinierender Lebensprozess. Im „Lobgesang der Entschlafenen" beschreibt die ostkirchliche Tradition die Identität des Gottesdienstes in der Sprache der Ikonentheologie: „ Der Du mich einst aus dem Nichts erschaffen und durch dein göttliches Abbild geehret hast, aber wegen Übertreten des Gebotes wieder Staub werden lässest, aus dem ich genommen bin; führe mich wieder zur ersten Ähnlichkeit zurück, dass wieder hergestellt werde meine ursprüngliche Schönheit."[19]

---

[18] 1. Kol 1,15

[19] Sergius Heitz, Mysterum der Anbetung, Köln1986, 462

Das Glück der Priester

„Und ich will der Priester Herz voller Freude machen, und mein Volk soll meiner Gaben die Fülle haben, spricht der Herr". Dieser Prophetenspruch des Herrn aus dem Prophetenbuch Jeremia[20] weist auf ein Thema hin, über das heute in der kirchlichen und theologischen Landschaft kaum gesprochen wird, nämlich über das innere Verhältnis der mit einem Amt betrauten Geistlichen zu ihrem Gott und, soweit man überhaupt davon berichten kann, über das das verheißungsvolle Verhältnis Gottes zu denen, die er berufen hat. Auch in der etablierten Dialogindustrie der ökumenischen Gespräche wird dieses Thema geflissentlich übergangen. Dabei muss es doch ein geistliches inneres Geheimnis zwischen Gott und denen geben, die sich entscheiden, ihm zu dienen. Natürlich betritt man, wenn man über diesen Bereich nachsinnt, einen zu schützenden, gleichsam intimen Bereich und es ist große Vorsicht geboten vor denen, die mit Aussagen aus diesem Bereich hausieren gehen oder sich schmücken wollen.

Gegenwärtig kann man jedoch den Eindruck gewinnen, dass dieser innere Bereich schon seit einiger Zeit gar nicht mehr vorhanden ist. Im kirchlichen Milieu betritt man eine Welt von pastoralen Konzepten, die versuchen, das brüchig gewordene Leben der Gemeinden vor dem Sturz in den Abgrund zu bewahren. Modelle von Gemeindeaufbau werden gelehrt, Management- und Personalführungskompetenzen werden antrainiert. Der Mangel an theologischem Nachwuchs betrifft die westlichen Volkskirchen, auch die sich in ihrem Fahrwasser befindenden kleineren Freikirchen, die Klöster, Ordensgemeinschaften, Diakonissenhäuser und anderen geistlichen Gemeinschaften. Gemeinden werden zusammengelegt, Dienste funktionalisiert, pastorale Konzepte inszeniert. Die Diener und Dienerinnen Gottes verbreiten nicht die Freude am Herrn, sondern sind Repräsentanten von ehemaligen funktionierenden Konzernen, die sich mit einem komplexen Identitätsprogramm in einer eigenen Welt befinden und darüber erstaunt sind, dass diese aber auf kein tieferes Interesse in der jeweiligen Gesellschaft stößt. Wer möchte schon einen Zoo ohne Tiere besuchen, um dort an einer Führung zum Thema Tierschutz teilnehmen. Kein Wunder, dass die Themen „Frust an der Institution Kirche" und „Skandale aller Art" vorherrschen, die die Herzen mürrisch machen und die Kräfte lähmen. Diejenigen, die den sogenannten „Traditionsabbruch" heute beklagen und wie eine Naturkatastrophe, die durch die Moderne ausgelöst wurde, einordnen, verschweigen dabei meistens, dass sie selbst Traditionsabbruch als profilbildende Tugend betrieben haben. Es herrscht eine Art säkularer „Institutions-Pietismus". Die Strukturen und Funktionen der Kirche bleiben nach außen hin unhinterfragt. Im Inneren laufen andere Programme.

[20] Jer. 31,14

Grundkonsens

Es gibt in den Kirchen aller höchst unterschiedlichen Konfessionsfamilien trotz aller theologischen Streitpunkte eigentlich einen Grundkonsens über das Geistliche Amt, an dem fast alle festhalten. Niemand kann sich ein geistliches Amt selbst nehmen, machen oder anmaßen. Das geistliche Amt[21] ist ein Geschenk. Innerhalb des Volkes Gottes, das durch die Taufe berufen ist, gibt es einen auf die Apostel zurückzuführenden Dienst des geistlichen Amtes, der in besonderer Weise den Dienst der Christen repräsentiert und auf Christus weist.[22] Als Vorbereitung auf ein solches Amt muss man bereit sein, innere und äußerliche Bedingungen einzugehen. Äußerlich sind eine theologische Ausbildung, eine Annahme und Wahl durch eine Kirche oder Gemeinde, eine öffentliche Verpflichtung zu einer kirchlichen und liturgischen Glaubenstradition und eine gottesdienstliche Einsetzung mit Handauflegung und Bitte um den Heiligen Geist zu nennen. Innerlich werden eine Prüfung des eigenen Lebensweges, eine Lebensentscheidung für Jesus Christus, eine Gebetspraxis, eine Lesepraxis der Hl. Schrift und eine Lebensgestaltung erwartet, die sich bemüht, dem geistlichen Amt gerecht zu werden. All dieses ist beachtlich und wird oft übersehen. Natürlich kann man die inneren Kriterien kaum prüfen, da man nicht in das Herz der Kandidaten schauen kann. Es müsste nun aber bei allen hinzukommen, dass sie sich bereitmachen und darauf einstellen, dass ihr Herz von Gott mit Freude erfüllt wird und dass sie aus dieser Freude heraus Gottes Gaben in Fülle an das Volk weiterleiten. Im geistlichen Amt soll auch exemplarisch zum Ausdruck kommen, dass Gottes Verheißungen Erfüllung finden. Und dieses Glück der Priester müsste auch von der Natur der Sache her konfessionsübergreifend selbstverständlich sein. Leider ist von einem solchen Grundkonsens wenig zu spüren. Die konfessionellen Milieus geben ihre Oberhoheit über das geistliche Amt nicht aus der Hand, sondern verlangen zusätzlich als Kriterium den Gehorsam nicht nur zu einer konfessionellen theologischen Ausprägung des Amtes, sondern noch mehr zur Milieukompatibilität, deren Wert natürlich höher angesiedelt ist als die der theologischen Traditionen. Jede Kirche betrachtet ihre Exklusivität und ihre Ämterbildung gern als sakrosankt.

Schlüssel der Berufung

Berufung ist ein von Gott in die Biographie gelegter verborgener Schlüssel. Wann und wie Gott diesen Schlüssel in die Biographie eines Geistlichen gelegt hat, vermögen wir letztlich nicht zu bestimmen. Die Wege der Berufung sind nicht

[21] Man mag es in den verschiedenen Denominationen unterschiedlich bezeichnen: Priester, Pastor, Pfarrer, Prediger, Missionar, Pater, Vater, Diener, Diakon, Bischof, Hirte, Superintendent, Lenker, Abt, Bruder; die weiblichen Bezeichnungen sind eher noch vielfältiger

[22] So beschreibt es Die Konvergenzerklärung über Taufe, Eucharistie und Amt, das 1982 vom ÖRK in Lima verabschiedet wurde.

einfach zu schematisieren, sondern höchst unterschiedlich in den Biografien der Berufenen angelegt. Auch wie eine Berufung mit der religiösen Biographie ihrer Familien und Vorfahren verbunden ist, bleibt den Berufenen weitgehend verborgen. Der Volksglaube wusste immer, dass die Fürbitte für die Berufung zum Priesteramt oder für eine monastische Existenz nicht nur ein allgemeines kirchliches Anliegen ist, sondern auch als ein Gebetsanliegen in einzelnen Familien in der Glaubenspraxis zum Tragen kommt und dort Ermutigung und vorbildliches Leben geschieht. Dieser in der Biographie verborgene Schlüssel wird aber entschlüsselt im Lebensweg der Kandidaten. Dazu sendet Gott ihm Vorbilder und Weggefährten, im Studium auch Lehrer oder Studienmaterialien, die ihn jeweils in den entscheidenden Augenblicken klare Hinweise geben. Schritt für Schritt oder plötzlich erkennt der Kandidat oder die Kandidatin, dass er oder sie nur in dieser besonderen Form der Nachfolge in seinem oder ihrem Leben Glück findet. Es geht nicht darum die Theologie des geistlichen Amtes zu kennen oder zu verstehen, sondern sich als jemanden zu erleben, der auf einem geistlichen Weg ein geistliches Ziel ins Auge fasst. Es hilft dabei, wenn dieses mit kompetenten Beleitern oder Weggefährten besprochen werden kann. Dieses kann sehr befreiend sein, weil der Kandidat plötzlich erkennt, wer er ist und sein soll und darum sein will. Es kann aber auch Beschwernisse mit sich bringen, wenn er auf seinem Lebensweg persönliche oder berufliche Entscheidungen getroffen hat in einer Situation, in der ihm diese Klarheit noch verborgen war. Oder wenn er oder sie eine Form der Existenz anstrebt, die in seiner Kirche gar nicht gewünscht wird.

Da der ganze Weg zum Amt als ein vom Heiligen Geist geleiteter Prozess angesehen werden muss, kann man auch feststellen, dass letztlich erst durch die Handauflegung der Ordination der von Gott in die Biographie gelegte Schlüssel diese für den Dienst als Geistlicher vollends aufschließt. Die Weihe bindet den Priester an den Altar und stattet ihn mit den Gaben und dem Glück aus, seinen Weg des Dienstes zu gehen. Sie bindet ihn an Christus, bindet ihn an Ehre durch Gott, so dass er nicht mehr Ehre bei den Menschen zu suchen hat.

An das Schicksal Gottes gebunden

Der Priester ist sein Schicksal untrennbar mit dem Schicksal und mit dem Handeln seines Gottes verknüpft. In der Antike war es üblich, wenn ein Gott, mit seinem Gottesbild und seiner Weltanschauung politisch und religiös versagt hatte oder unpopulär geworden war, dass man nicht nur seine Götzenbilder zerstörte, sondern auch die dazugehörige Priesterschaft vernichtete. Die Märtyrergeschichte des Christentums zeigt, dass, wenn der Christusglaube unpassend oder gefährlich in den Augen der Welt war, auch diejenigen zu leiden hatten, die in seinem besonderen Dienst standen.

„Du bist ja der Herr. Ich weiß von keinem Gut außer Dir. Das Los ist mir gefallen auf liebliches Land, mir ist ein schönes Erbteil geworden.“ [23] Das Glück der Priester besteht darin, dass sie dem folgen, der sie gerufen hat und der unerkannt mit ihnen geht. Sie suchen mit Liebe und Dankbarkeit im Evangelium, in der Liturgie, im Herzensgebet und allen ihren Diensten nach dem verborgenen Christus. Dieser Christus begegnet ihnen nicht nur abstrakt mit seiner Lehre oder seinen Taten, sondern als unverwechselbare Person mit seinem gütigen Charakter, und er lässt sie seine Stimme kennen und seine machtvolle Gegenwart spüren.

Weil diejenigen, die „einem anderen Gott nachlaufen“, viel Herzeleid haben werden, sind die Priester in der Exklusivität ihrer Christusberufung davon befreit, anderen Göttern irrtümlich nachlaufen zu müssen und das Blut ihrer Trankopfer trinken zu müssen. Dieses verlangt eine Distanzierung von den anderen üblichen Heilsversprechen der Welt, die ebenfalls verborgen wirksam sind in vielen Lebensbezügen auch der Kirchenchristen. Der Priester entwickelt in den Jahren seines Dienstes zudem einen Instinkt gegen die Ausprägungen der Heilsversprechen im weltlichen oder anderen religiösen Bereichen. Er kann nicht teilnehmen an rituellen und kultischen Handlungen in blasphemischen Kontexten oder Dekorationen aus Versatzstücken anderer Religionen und Ideologien und Aktionen gutheißen, die andere Mächte und Gewalten verherrlichen. In einer Nachdichtung von Psalm 16 formuliert es der zeitweilig vom katholischen Priesteramt suspendierte nicaraguanische Dichter und Politiker *Ernesto Cardenal (1925-2020) so:* „Es gibt kein Glück für mich außer Dir. Ich bete weder Filmstars an noch politische Führer, ich vergöttere keine Diktatoren. Wir haben ihre Zeitungen nicht abonniert, noch sind wir eingeschriebene Parteimitglieder...Dich allein habe ich vor Augen, wenn ich Dein gedenke, zittern alle Fasern meines Körpers vor Freude.“[24]

Tragisch ist es auch, wenn manche Personen dazu verdammt zu sein scheinen, sich selbst zwanghaft hinterherlaufen zu müssen wie hinter einem anderen Gott. Die Bindung an den liebenden Christus ist die Befreiung zu einer klaren Sicht und Existenz. Gleichzeitig führt diese zu unglücklichen oder sogar feindlichen Reaktionen derer, die einem anderen oder sich selbst nachlaufen und damit ihr Glück suchen. Diese können sich nicht vorstellen, dass man mit dem Christus-Erlöser-Gott nicht nur solches Glück, sondern *das* Glück haben kann. Das versprochene Erbteil im ewigen Reich Gottes durchstrahlt das Leben der Priester. Für die Hirten ist Christus als guter Hirte ihr König und Freund, für die Diener ihr leuchtendes Vorbild und Freund, für die Hierarchen ihr eschatologischer Hohepriester und Freund.

Ein Beispiel aus der seit Februar 2022 stattfindenden russischen Ukraineinvasion wurde in einem Nachrichtenkanal gezeigt. An einem Feld mit ausgehobenen Gräbern für mehr als 30 gefallene Soldaten der russischen Armee, deren Körper

---

[23] Ps 16, 3 u.6.

[24] Ernesto Cardenal, Das Buch von der Liebe. Lateinamerikanische Psalmen, Wuppertal (1980) 142f

unbestattet zurückgelassen wurden, stand ein ukrainischer Pfarrer mutterseelenallein in seiner Amtstracht und betete für diese Soldaten die Totengebete und segnete jeden einzelnen. Selbst wenn keiner mehr betet oder beten kann, muss der Priester beten. Selbst wenn der Segen nicht mehr erbeten wird oder als überflüssig angesehen wird, muss der Priester den Segen Gottes austeilen. Selbst wenn das Evangelium von der Barmherzigkeit Gottes und Versöhnung in Jesus Christus überhört wird oder als unpassend kritisiert wird, muss er Zeuge dafür sein. Dafür müssen seine Hände leer werden, damit sie mit Segen und Gebet gefüllt werden und mit dem Evangelium und den Sakramenten den Menschen, ob „gläubig oder ungläubig“, dienen.

Verankerung der Gläubigen in der Ewigkeit

Die primäre Aufgabe des Priesters neben der Feier der Eucharistie und anderer Gottesdienste ist das Gebet. „Betet ohne Unterlass.“[25] Nicht nur die Austeilung und Zuteilung der Gnadenmittel an die Gläubigen, um die Sündenkrankheiten zu heilen, sind seine Dienste, sondern ebenso sehr, seine Gemeindeglieder, die in der Zeit leben, in der Ewigkeit zu verankern. Dieses geschieht durch sein eigenes Gebet und durch seine Hingabe bei der Feier der Gottesdienste. Besonders der Gemeindepfarrer hat alle Bereiche seines Dienstes im Gebet mit dem Erlöser zu verbinden. Es gibt keinen Bereich, der zu gering oder zu unklar oder zu peinlich ist, und deshalb vom Bittgebet oder Dankgebet ausgeschlossen wäre. Natürlich ist auch zu beten für die eigenen Fehler und Schwächen und für die, die dem Priester das Leben schwermachen. Ein besonderes Gebet ist nötig für die Kinder, die Kranken und Leidenden, für die Sterbenden und Verstorbenen. Und wenn er am Abend „nur“ ein „Kyrie eleison“ schafft für jeden, dem er am Tag begegnet ist, hat er fast alles getan, was er kann. Die ostkirchliche Praxis des Herzensgebetes weist darauf hin, dass jedes Gebet ein Herzensgebet sein soll. Das Herzensgebet schenkt dem Betenden zugleich die Ruhe in Gott.

Wenn ein Pfarrer einmal die Pfarrstelle wechseln muss, dann werden die menschlichen Erinnerungen und gut gemeinten Beziehungen in der gemeindlichen bürgerlichen Welt vergehen. Besonders trifft dies auf die vom kirchlichen Milieu erwarteten Artigkeiten und Verbeugungen zu. Das Milieu wird sich wie ein Raubtier auf den Nachfolger stürzen und den Vorgänger vergessen. Und das ist gut so. Was bleiben wird, ist das, was der Priester nicht aus sich selbst, sondern mit Gottes Hilfe im Himmel verankern konnte.

Die Lebenden und die Verstorbenen bilden eine Gemeinschaft in Gott, die füreinander einander in der eucharistischen Versammlung beten. Wir können nur in Ansätzen erahnen, wie viel wir unseren verstorbenen Angehörigen und vollendeten Heiligen und ihrer Fürbitte verdanken und wie viel Segen und Freude

---

[25] 1. Thess 5,17

beiderseits ihr Gedächtnis in unseren Gottesdiensten auslöst. Ein aus Bayern stammender lutherischer Pfarrer bat bei dem Besuch von Sterbenden diese immer darum, für ihn nach ihrem Tode vor dem Angesicht Gottes zu beten. Er sagte, er sammele Betende für sich. Der Priester gedenkt besonders der Verstorbenen seines Lebensweges, seines Patrons, seiner geistlichen Lehrer und des verstorbenen Hierarchen, von dem er die Handauflegung empfangen hat.

Geistliche Süßigkeit

Auch das Gebet ist wie der christliche Gottesdienst von der Zwei-Naturen-Lehre Christi her bestimmt. Es ist in allen Aspekten ein gemeinsames Handeln von Gott und Mensch in der Kraft des Heiligen Geistes. Ich begegne im Gebet den Dimensionen „ganz Mensch und ganz Gott“. Das Gebet erfordert Konzentration und auch Anstrengung, ist aber trotzdem nicht vom Menschen machbar und herstellbar. Und Gott behält sich vor, sich im Gebet finden zu lassen oder zurückgezogen zu bleiben. Trotzdem gibt es eine Ebene, die man als „Früchte des Gebetes“ bezeichnet. Ein ähnliches Phänomen gibt es in der philosophischen Ästhetik. Der frühere Begriff des „Kunsterlebens“ wird gegenwärtig abgelöst durch den kontrovers diskutierten Begriff „ästhetische Erfahrung“. Wenn man von Kants Verständnis eines „interessenlosen Wohlgefallens“ an der Kunst ausgeht, bekommt man das Charakteristische des Kunsterlebens nur schwer in den Griff.[26] In der westlichen Theologie könnte man die Erforschung der Kategorien von „Liturgieerleben“ und „Gebetserfahrung“ weiter vorantreiben, dieses findet allerdings nur wenig Interesse und Echo.[27]

Die ostkirchliche Theologie beschreibt als „Früchte des Gebetes“ die Erfahrung einer plötzliche Aufmerksamkeit und Ergriffenheit, einer unerwartet kommen Getragenheit und Süßigkeit.[28] Beim Aufsteigen des Gebetes erfährt der Betende ein schmerzliches Entzücken und ist den Tränen nahe. Die Tränen sind Kennzeichen einer höheren Stufe des Kult- und Gebetserlebens und Zeichen der Liebe. „Süße, Freude und Liebe“ ergreifen den Priester und jeden wahrhaftigen Beter. Diese Erfahrungen, die nur schwer in Worte zu fassen sind, führen zu Demut, Geduld, und Sanftmut. Von daher ist es hochinteressant, dass in der Göttlichen Liturgie der Chrysostomos-Tradition, wie sie in der Ukrainischen Lutherischen Kirche überliefert wird, im Wechselgebet vor der Präfation die traditionelle Formulierung „Erbarmen des Friedens, Opfer des Lobes“[29] ersetzt

---

[26] Monika Betzler u.A.(Hrsg), Ästhetik und Kunstphilosophie, 2.Aufl. Stuttgart 2012

[27] Während bei der aus der Liturgischen Bewegung hervorgegangenen „Christengemeinschaft“ das „Kulterleben“ immer als eigene Kategorie bedacht wurde, wurde erst in den letzten Jahren in der evangelischen Praktischen Theologie versucht, mit dem Begriff „Performativität“ die Eigenart des gottesdienstlichen Geschehens zu sichern.

[28] Hilarion Alfejev, Geheimnis des Glaubens, Freiburg Schweiz 2003,210-221

[29] (OBKD Hg.), Die Göttliche Liturgie unseres Heiligen Vaters Johannes Chrysostomos, München 2019, 30

durch die auf die Früchte des Gebetes hinweisende Formulierung „Reue ,Liebe und Friede sei der Inhalt unserer Gottesverehrung.“[30]

Geistliche Traurigkeit

Ähnlich wie Künstler von dem Phänomen einer künstlerischen Einsamkeit und Melancholie sprechen, die mit ihrem Schaffensimpuls untrennbar verbunden ist, gibt es auch für die Priester immer wieder den Zustand einer geistlichen Einsamkeit und Traurigkeit. Musiker berichten, dass sie vor oder nach einem Konzert in einer Phase sind, in der sie mit sich selbst und der eben gespielten Kunst nichts anzufangen wissen, einer Phase der Leere, in der sie nicht angesprochen werden wollen. Maler malen Selbstportraits mit dem Ausdruck von Trauer und Trübsinn. Philosophie, Psychologie und Kulturwissenschaft behandeln dieses Phänomen.[31] Die geistliche Traurigkeit ist bei einem Priester ähnlich. Sie tritt nach einem Gottesdienst, beim intensiven Gebet oder in einer Situation ein, in der er sich ausgeschlossen fühlt von der Gemeinschaft mit anderen Menschen wegen seiner Christusverbundenheit. Dieses Phänomen hat seinen Ursprung in den Tränen Jesu über Jerusalem und ist die Kehrseite der geistlichen Glückserfahrung. Es ist die Traurigkeit, dass der Christus gegenüber der vergehenden Welt einsam geworden ist, dass er unverstanden bleiben muss und dass das Reich Gottes noch nicht ganz aufgerichtet ist. Es ist auch Ausdruck der eigenen Machtlosigkeit. Die ostkirchliche Tradition spricht sogar von Phasen geistlicher Dürre, die notwendiger Teil des geistlichen Lebens und geistlicher Erfahrung sind und gerade beim intensiven Gebet erfolgen. Die Zerschlagenheit des Geistes wird dabei Teil eines Reinigungsweges des geistlichen Lebens angesehen.[32]

Das existentialistische Lied des Priesters sind die Makarismen[33], die die Freude und die Traurigkeit des geistlichen Lebens zugleich zum Ausdruck bringen, und erst in der Feier der Hl. Liturgie im Reiche Gottes ihre vollendende Kraft entfalten. In allen seinen Tätigkeiten und auch in seinen liturgischen Diensten bleibt der Vater der radikal Empfangende und nur in einer solchen Haltung hat er seinen Dienst zu versehen. Alle theologische Wissenschaft und alle praktisch-theologischen Konzepte werden durch die Haltung des Empfangens an ihren richtigen Ort verwiesen. Der eschatologischen Schönheit und Freude, der der Priester in der Liturgie begegnet und mit der er sogar bekleidet wird, kann er nur in äußerster Demut begegnen. Sonst besteht die Gefahr, dass die Liturgie entartet und der Priester sich in einer Rolle sieht und produziert, die das authentische Handeln Gottes behindert und lächerlich macht. Die geistliche Dürre ist die

---

[30] Reinhard Thöle und Vasyl Rudeyko, Gittesdiestbuch, Darmstadt 2004, 19

[31] Raymond Klibanskky (Hg.), Saturn und Melancholie. Studien zur Geschichte der Naturphilosophie und Medizin, der Religion und der Kunst, Frankfurt 2006

[32] Matta Al-Maskin, Die Erfahrung Gottes im Leben des Gebetes, Würzburg 2007, 177

[33] Mt 5, 1-12

Kehrseite der geistlichen Blüte. Gerade hier gilt: „Der Herr ist nahe denen, die zerbrochenen Herzens sind und hilft denen, die ein zerschlagenes Gemüt haben."[34] Der Priester muss sie aushalten und nicht mit irgendwelchen Dingen verdrängen, sondern dem Erlöser als Opfer darbringen. Er wird dann erfahren, dass die Frucht der geistlichen Einsamkeit Frieden in Christus ist[35]

Belächelte Minderheit

Der drastische Rückgang der Kirchenmitglieder zeigt an, dass die christlichen Kirchen sich auf dem Weg zu einer gesellschaftlichen Minderheit befinden und eine allgemeine Akzeptanz ihres Glaubenslebens nicht mehr selbstverständlich ist. Es ist wie bei einer Chorvereinigung, die aus aktiven und passiven Mitglieder besteht. Die aktiven Mitglieder singen, die passiven Mitglieder zahlen Mitgliedsbeiträge und freuen sich, dass die aktiven singen. Sie besuchen auch Konzerte und gesellige Veranstaltungen der Vereinigung. Nun ist der Chor schwach geworden, kann Proben und Konzerte kaum noch leisten. Auch die passiven Mitglieder brechen weg. Belächelt werden die passiven Mitglieder, die noch zahlen, besonders aber die aktiven, die noch singen. Lange Zeit hat man die Chor-Politik betrieben, die aktiven dürfen nur solche Lieder singen, die den passiven gefallen, um sie nicht zu verärgern. Es gibt zwar noch Interessentengruppen für bestimmte Lieder, die man sich als Zukunftsmusik vorstellt und als Programm verlangt. Mittlerweise ist aber auch diese Phase vorbei. Die aktiven sind auch im Chorwesen zu Minderheit geworden und werden dort belächelt. Der Chorleiter wird in dieser Situation von allen Seiten unter Druck gesetzt. Er soll das leiten, was es nicht mehr gibt, die Literatur nicht mehr singen, die der Chortradition entspricht und gleichzeitig auf dem Chorfestival mit zusammengelegten Restchören mit eindrucksvoller Beleuchtung und Soundtechnik den namhaften Symphonieorchestern Konkurrenz machen. Der Priester darf sich freuen, wenn er als Vorsänger überhaupt verstanden wird und nicht in seinem eigenen Chor auf Ablehnung trifft, weil er für die Fehler verantwortlich gemacht wird und der perfekte Sündenbock ist. Mancherorts verbietet man ihm sogar das Singen unter den letzten Chormitgliedern. In einem katholischen Bistum verbot ein Pfarrer seinem Kooperator das Singen des lateinischen „Exultets" in der Osternacht.

Die Situation, Minderheit in einer Minderheit zu sein, ist schwer auszuhalten. Die Priesterkollegen sind nicht automatisch geistliche Freunde, sondern allenfalls Teamkollegen. Allenfalls in kleineren Kirchen kann es noch sein, dass sich die Geistlichen als eine religiöse Gemeinschaft verstehen und nicht nur als Kollegen mit gleicher Funktion. Die Einheit von Glaubensgemeinschaft, Sakraments- und Segensgemeinschaft und Lebensgemeinschaft ist schon länger nicht mehr

---

[34] Ps 34, 19

[35] Matta Al-Maskin, a.a.O, 179-191

vorhanden. In der evangelischen Pfarrhauswelt gibt es kaum geistliche Gemeinschaft über den Kosmos des Pfarrhauses hinaus.

Das Pflegen geistlicher Freundschaften oder der Zusammenschluss zu Bruderschaften, Schwesternschaften und geistlichen Gemeinschaften kann eine Hilfe sein. Dort können im gemeinsamen Gebet, in der Fürbitte, in der Diskussion die Lage der Einzelnen getragen werden und geistliche Anliegen ausgetauscht werden.

Das Glück der Beziehung

Die verschiedenen Kirchen gaben bisher unterschiedliche Antworten auf die Frage, wie die Geistlichen eine Lebensweise finden, die passend zu ihrer Berufung gewählt werden soll. Dieses hat seinen Grund darin, dass der Priester wie kein anderer in den Gemeinden auf den eschatologischen Charakter des Christentums hinweisen und ihn auch leben soll. Dass diese endliche Welt vergeht, aber in ihr eine neue in der Zukunft sich vollendende Welt entsteht, soll auch in der Lebensgestaltung des Priesters abzulesen sein.

Das monastische Leben, das in der katholischen und orthodoxen Welt tradiert wird, wird von der evangelischen Welt traditionell distanziert betrachtet. Nur wenige klösterliche Gemeinschaften haben dort längeren verlässlichen Bestand. Die Ehe in wird in der katholischen und orthodoxen Welt für Amtsträger reguliert, was die evangelische Welt nicht verstehen kann. Im katholischen Bereich dürfen die Diakone eine Ehe eingehen, Priestern und Bischöfen ist sie nicht gestattet. Nach orthodoxer Lesart dürfen Diakone und Priester nicht heiraten, verheiratete Männer aber können Priester und Diakone werden. Bischöfe werden aus dem Stand der Mönche gewählt, dürfen aber vorher verheiratet gewesen sein. Auch in der evangelischen Welt war es bis vor einigen Jahrzehnten üblich, dass die zukünftige Frau des Pfarrers, kirchlichen Autoritäten vorgestellt werden musste, um dort ein Placet zu erhalten. Und auf dem Weg zur Einführung der sogenannten „Frauenordination“, also der Öffnung des Geistliche Amtes für Frauen, war es zeitweilig sogar vorgeschrieben, dass die „Vikarinnen“ nicht verheiratet sein durften. Gegenwärtig läuft in den Kirchen eine heftige oft ideologisch geführte Diskussion zum Stichwort Frauenordination und Öffnung der kirchlichen Ämter für gleichgeschlechtliche Lebensformen unter den Gewitterwolken der Missbrauchsskandale.

Der Meinung des ehemaligen katholischen Ordensangehörigen, Psychotherapeuten und Religionsphilosophen *Toby Johnson* (*1945) nach sind Sexualität und Spiritualität die beiden Hauptanliegen menschlichen Lebens und gehören miteinander versöhnt.[36] In den Symbolen und Archetypen der Religionen sieht er den Erfahrungsraum dieser Versöhnung. Er kritisiert an dem kirchlichen

---

[36] Toby Johnson, Finding God in the Sexual Underworld, Austin TX 2020

Umgang mit diesem Bereich, dass hier Religion nur als Regulativ für sexuelles Leben angesehen wird und als Bereich, korrekte Lehre umzusetzen. Das sexuelle Leben wandert dann in eine Unterwelt, die nach eigenen Mustern funktioniert. Übersehen wird dabei, dass Gott auch in dieser Unterwelt gefunden und verehrt werden kann. *Johnson* vertritt einen „sacramental approach" nicht zur Institution einer gesellschaftlichen Ehe, sondern zur Welt der Sexualität selbst. Dort strebt er die Versöhnung zwischen Sexualität und Spiritualität an. Eine spirituelle Vision dieser Welt, in der auch Sensibilität, Harmonie, Friede und Liebe gefunden wird, darf nicht von der Glaubenspraxis in ein Ghetto verbannt werden. Jesus Christus hat die Welt verändert und als geistlicher Lehrer die Haltungen und Gewissen der Menschen bereichert, Verständnis und Vergebung eingesetzt. *Johnson* betrachtet das sexuelle Leben der Menschen wie ein Sakrament, bei dem die Liebe Gottes im Hintergrund steht und „fleischlich" hindurch scheint. Inkarnation, Heiligung und Verklärung, sogar Auferstehung sind Kategorien, die auf das sexuelle Leben angewendet werden können. Die eucharistische Realpräsenz des geopferten Pascha-Lammes wohnt in den Leibern der Gläubigen, die zu Tempeln werden, den man nicht zerstören sollte. Der mystische Jesus bleibt physisch präsent wie ein biologischer Reflex. Für ihn gibt es eine „sexuelle Unmittelbarkeit" und sakramentale Gotteserfahrung in der Welt. Die Wiederkunft Christi am Ende der Zeit wird dabei offenbaren, dass er auch in der sexuellen Welt nie fort war.

Das Verhältnis der Präsenz der eschatologischen Welt in der gegenwärtigen irdischen Welt ist der Punkt, der in der Lebensweise der Geistlichen bedacht werden soll und der nicht übersehen werden darf. Dieser Aspekt kommt oft zu kurz in den fanatisch verbissenen Diskussionen in der katholischen Welt und in der eher bürgerlich konformen Pfarrhausromantik der evangelischen Welt. Es gibt einen doppelten eschatologischen Vorbehalt, der in den Lebensweg und in die Lebensweise der Geistlichen eingreift. Niemand kann sich aus sich heraus ein geistliches Amt selbst nehmen, machen oder anmaßen. In diesem Amt müssen die Geistlichen in einer Spannung zwischen der irdischen und der eschatologischen Welt leben und dieses in ihrer Lebensweise sichtbar zum Ausdruck bringen. Ehe, Familie, Partnerschaft, Beziehung, Freundschaft, Abenteuer, Mitgliedschaften alle Bereiche sind davon betroffen. Es gibt eine Art „Hintansetzung" dieser Welten für die, die dem ehelosen Jesus folgen.[37] Dieses wird im Bürgertum nicht verstanden, sondern als Angriff empfunden. Die Segnungen der bürgerlichen Welt sind nicht das Heilmittel für die Schwierigkeiten, die das geistliche Amt mit sich bringen kann. In der Rede vom plötzlichen Kommen des verborgenen Gottesreiches im Lukasevangelium kann es Jesus kaum radikaler formulieren: „In jener Nacht werden zwei auf einem Bett liegen; der eine wird angenommen, der andere wird preisgegeben werden."[38]

---

[37] Gerhard Lohfink, Die wichtigsten Worte Jesu, Freiburg 2022, 116-118
[38] Lk 17, 34

Ablehnung

Unbeabsichtigt, aber unvermeidlich stößt der Priester in seinem Dienst auf ein ganzes Bündel von Ablehnung, Neid, Eifersucht und Feindschaft. Diese Attacken sollen ihn persönlich treffen. Natürlich machen auch die Geistlichen alle menschlichen Fehler, die möglich sind, und müssen damit persönlich anständig umgehen. Das Bekenntnis der Sünden und Fehler zu Beginn der Heiligen Messe ordnet sie öffentlich richtig ein. Die Filme der Romanhelden „Don Camillo" und „Peppone" konnten damit komödiantisch umgehen, der Priester war nicht erstaunt, dass er auf Ablehnung in Gemeinde und Gesellschaft stieß. Der Geistliche ist zudem Ablageplatz ganzer religiöser und persönlicher Lebenswege. Der Pfarrer trifft in seiner Gemeinde auf ein sich in der Regel christlich verstehendes Bürgertum, dass aber nicht ohne Schuld der Kirchen entwöhnt wurde von den religiösen Vollzügen und sich nun als Gutmenschentum versteht. Dieses fühlt sich herausgefordert oder sogar gestört bis beleidigt, wenn der Geistliche nur einfache Glaubensvollzüge anmahnt. Man besteht auf den Rechten einer passiven nichtpraktizierenden Kirchenmitgliedschaft, die sich aber als praktizierend ausgibt. Eine ganze Anzahl geistlicher Anliegen werden an den Pfarrer herangetragen, bei denen es aber um ganz andere Dinge handelt, als behauptet wird. So geht es bei vorgebrachter theologischer Kritik oft nur um die Person des Kritikers und dessen Bedeutung im kirchlichen Milieu. Diese Anliegen können sich theologisch gut tarnen. Es lohnt sich für den Priester nicht, gegen diese Welt der Anliegen zu Felde zu ziehen, weil sie auch nicht echt sind. Es lohnt sich schon gar nicht, diese Attacken persönlich zu nehmen. Man kann in diesem Umfeld auch dem Phänomen begegnen, dass man einen Priester zur Zustimmung zu blasphemischen Aussagen oder zur Teilnahme an zweifelhaften Aktionen bedrängt. In solchen Fällen muss er sich auf seinen Instinkt verlassen und darf ein klares Nein nicht scheuen. Sich in allerlei Kämpfe und Rechthabereien zu verstricken, kostet nur Kräfte. Priester müssen nicht gegen die Dunkelheit kämpfen, sondern ihre Kraft einsetzen, am Licht festzuhalten.

Ein besonderes Kapitel in diesem Kontext ist die Erfahrung der geistlichen Enttäuschung. Das heißt, Freunde oder Freundinnen, Amtskollegen, Mitarbeitende, Lehrer und Lehrerinnen, Gemeindemitglieder, mit denen man sich nicht nur menschlich verbunden fühlte, sondern auch geistlich, wenden sich plötzlich ab, verschwinden aus dem Leben oder werden zu Gegnern. Im Gebet von Psalm 55 kommt der Schmerz des Beters darüber zum Ausdruck: „Aber nun bist du es, mein Gefährte, mein Freund, mein Vertrauter, die wir freundlich miteinander waren, die wir in Gottes Haus gingen inmitten der Menge."[39] Auch eigenes geistliches Versagen ist zu konstatieren. Der Bereich des geistlichen Lebens ist kein Heiligsprechungsverfahren vor sich selbst, sondern spielt sich im Bereich von Täuschungen, Schwächen und Fehleinschätzungen ab. Auch der Geistliche kann und will nicht immer klar die Programme „von den verderblichen

---

[39] Ps 55, 14f

Lüste dieser Welt“ und der „Genuss der künftigen Güter“ trennen, sondern muss darum beten, dass er von „Trübsal, Zorn, Gefahr und Not“ befreit wird.

Vierfache Machtlosigkeit

Im Gleichnis vom vierfachen Ackerfeld, das die synoptischen Evangelien überliefern,[40] wird Jesus als Sämann dargestellt, der die guten Keimlinge auf das Land gibt. Drei Viertel gehen verloren, weil sie in der Erde keinen Grund finden, weggenommen werden oder von inneren Sorgen und Begierden überwuchert werden. Im letzte Viertel des guten Landes ist der psychologische und mathematische Clou versteckt. Dort bringen die Keimlinge hundertfache Frucht. Die Priester arbeiten in einem solchen als in der christlichen Kunst dargestellten „Hortus deliciarum“[41] und tragen ihn zugleich in sich. Sie akzeptieren damit ein völliges Ausgeliefertsein an die eigene Machtlosigkeit. Auch der unmessbare Ernteertrag des letzten Viertels ist nicht ihr Erfolg. Der Priester ist nicht der Sämann, er erntet nicht seinen eigenen Erfolg. Er kann das, woran er arbeitet, nicht machen, aber er kann mit seinem Leben auf den hinweisen, der alles macht. Pastorale Arbeit ist nicht im simplen Sinn erfolgreich, nicht in Zahlen des Gottesdienstbesuches oder Geldsammlungen messbar und kann und darf es auch nicht sein. Darüber können die Priester glücklich sein. Vielleicht ist ein unangenehm großer Teil von Rechthaberei, Fanatismus und Konfessionalismus darauf zurückzuführen, dass das kirchliche Personal meint, es müsse und könne nun etwas „machen“, und dabei das Gebet vergisst. Denn die Diener sind Teil des religiösen Festes, in dem Saat und Ernte des Sämanns gefeiert werden. Ein schon gebrechlich wirkender, alter Priester sagte in seiner Predigt über das vierfache Ackerfeld fast selbst erschrocken darüber: „Ich glaube, dass das Brot der Eucharistie gebacken wird aus den hundertfach fruchttragenden Körnern des letzten Viertels.

Im himmlischen Wirbelsturm

Der Priester findet zu seiner glücklichen Existenz, wenn er seine eigene Machtlosigkeit der Macht des Christus opfert und einen instinktiven Bereich der Absichtslosigkeit betritt. In der Absichtslosigkeit tritt er dem wirkenden Christus mit leeren Händen entgegen und ist bereit, ihn an sich und an seinem Dienst wirken zu lassen. Liturgien und pastorale Konzepte, die vollgestopft sind mit theologischen und anthropologischen Richtigkeiten und natürlich guten Absichten, bleiben oft in humanistischen und konfessionalistischen Gefängnissen und penetranten Beratungsideologien hängen. Die Absichtslosigkeit veredelt die Machtlosigkeit, indem sie einen doxologischen Freiraum und Wirksamkeitsraum

---

[40] Mk 4, 3-20; Mt 13, 3-20; Lk 8, 5-15
[41] Garten der Köstlichkeiten

erschließt. Der Epheserbrief spricht vom Lobpreis Gottes für die Erlösung und vom Gebet um die Erkenntnis der Herrlichkeit Christi und ermutigt die, die zuvor auf Christus gehofft haben, „etwas (zu) sein zum Lob seiner Herrlichkeit“. [42] So kann man von einer doxologischen Existenz sprechen, die das Leben des Dieners Gottes erfasst.

Der orthodoxe Theologe *Pavel Florenski (1882-1937)* beschreibt den Sinn einer solchen Existenz so, dass der Geistliche die Aufgabe hat, die exemplarischen Lebensbereiche und Gemütsbewegungen in doxologische Dimensionen zu verwandeln.[43] Weinen, Freude, Jubel, Klage, die natürlichen Lebensbereiche des Menschen, werden nicht geschmälert oder gar verdammt, sondern geschützt, vermehrt und in einen heiligen Zusammenhang gestellt. Das vermeintlich Zufällige wird in das Seinsollende, das Subjektive in das Licht des Objektiven gestellt: Das Natürliche wird durch das Lobopfer in das Himmlische gestellt. Es gehorcht dadurch verborgen anderen Gesetzen. Damit dient der Priester letztlich der Aufgabe, Sein und Wirklichkeit zu vereinen. *Florenski* prägt das Bild, dass er dabei „hineingerissen in einen himmlischen Wirbelsturm“ wird[44]. Dabei erfährt er, dass der zufällige Zustand des Lebens in eine objektive Wahrheit verwandelt wird.

Jede Feier der Eucharistie ist für den Priester ein Hineingerissen werden in diesen Wirbelsturm. Im Verlaufe des Kirchenjahres, besonders in der Nacht vom Gründonnerstag auf Karfreitag, sollte er sich von alle Pflichten zurückziehen und die Abschiedsreden Jesu lesen und das hohepriesterliche Gebet Jesu lesen oder singen.[45]

In den himmlischen Wirbelsturm hineingerissen wird er Dynamiken ausgesetzt, die er vorher vielleicht geahnt hat, aber noch nicht so erfahren hat. Und beim Opfer der Doxologie wird er sich hingeben müssen und zugleich schützen. Er wird auch merken, dass er nicht allein in diesen Sturm hineingeraten ist. Und er gehört zum Sympathie- und Sorgekreis derer, die ihn bei sich haben. Wer wüsste mehr von den Stürmen der Wirklichkeit des Reiches Gottes als die, die als „ganz Mensch“ den „ganz Gott“ zur Welt gebracht hat, der sich als „ganz Gott“ von einer Menschenmutter als „ganz Mensch“ zur Welt bringen ließ?

[42] Eph 1, 12
[43] Pawel Florenski, Das Titanische und der Kult, in: Sinn und Form 3/ 2002, Berlin, 325-336
[44] Florenski, a.a.O., 327
[45] Joh 13, 31- 16,33; Joh 17

Der mythopoetische Charakter des Gottesdienstes

Der Hamburger Schriftsteller, Theologieprofessor und Bischof *Helmut Echternach (1907 - 1988)* wurde nie müde, seinen Lesern, Schülern sowie den Gottesdienstteilnehmern einzuschärfen, dass bei der Feier der Eucharistie mehr geschehe, als es die Feiernden verstehen können, mehr als es ihnen bewusstwerden kann, mehr als sie erbitten können. Die Feiernden, ob Klerus oder Laien, treten in ein dynamisches Geschehen ein, das das Schicksal ihres Lebens und der ganzen Welt berührt. Dieses können sie aber letztlich nicht selbst steuern, verstehen und besitzen. Bei der Feier des Gottesdienstes werden sie Teil eines Erlösungsdramas, bei dem Himmel und Hölle aufreißen und sich Vergangenheit, Gegenwart, Zukunft und Ewigkeit umfangen. Die Betenden werden Zeit- und Augenzeugen der biblischen Heilereignisse des Alten und Neuen Testamentes. Sie saugen voller Sehnsucht in sich auf, dass die Erlösungszusagen Gottes an sein Volk anfangen, sich zu erfüllen, und alle Urängste, Alpträume und Rebellionen des Menschen gegen sich selbst geheilt werden. Die Realität des gefeierten Gottesdienstes berührt nämlich in einer verborgenen Dimension den „unaussprechlichen, unbegreiflichen, unsichtbaren und unfassbaren Gott“, wie er in der Präfation der Chrysostomos-Liturgie genannt wird. Und es ist gerade diese Dimension, die unbeschreibbar bleibt und bleiben muss, die die Betenden fast süchtig macht, immer wieder den Gottesdienst zu suchen. Es ist sozusagen, existentialistisch gesprochen, „die Glaubwürdigkeit des Absurden“[46], das unaussprechliche Geheimnis, das dem Gottesdienst Sprache gibt. Es sind für Außenstehende unerklärliche Riten, die Klarheit schaffen. Es ist das Unsichtbare, das schauen lässt und das Unhörbare, das verstehen lässt.

Für *Echternach* waren daher dogmatische Definitionen, welche die Gegenwart Gottes und den Charakter des Gottesdienstes beschreiben, nur Prolegomena und verloren ihre Bedeutung, wenn sie mehr als Prolegomena sein wollten. Auch konfessionelle Versuche, bestimmte biblische und historische theologische Erkenntnisse als Norm in die Eucharistie hineinzulesen und diese dann zur theologischen Auseinandersetzung zu verwenden, betrachtete er als völlig unangemessen dem gegenüber, was im Gottesdienst wirklich geschieht. Versuche, das gottesdienstliche Geschehen noch darüber hinaus dazu zu verwenden, Gläubige zu beherrschen oder zu manipulieren, führen in eine Katastrophe.

Obwohl die Wirklichkeit des Gottesdienst das Verstehen, Erkennen und Erbitten des Menschen weit übersteigt und in eine Meta-Ebene der Gottesbegegnung führt, bringt er für die Feiernden jedoch einen Gewinn, den Gott selbst entschlüsselt.[47] Die Gläubigen, die den Gottesdienst verlassen, wissen, dass sich etwas in ihnen

[46] Paul Schütz, Die Glaubwürdigkeit des Absurden, Hamburg 1970
[47] Helmut Echternach, Dogmatik I, Frankfurt 1983, 33-49

und im Schicksal ereignet und verändert hat. Sie sind neu zentriert worden. *Echternach* greift zur poetischen Sprache um die Unverstehbarkeiten der Eucharistie zum Ausdruck zu bringen. Die Eucharistie ist: Mittelpunkt der Zeit, Nacht der Nächte, verklärende Neuschöpfung der Welt. Der Blick der Menschen bleibt durch einen Schleier verhüllt. Die Seligen und Engel schauen in großen Scharen hernieder. Es ist, als ob sie fremde Lieder singen, aber sie flehen in Wirklichkeit unser Flehen. Die Menschen trinken den Frieden Christi und atmen schon hier die Luft der vollendeten Welt. Die Zeit wird in der Eucharistie selbst zur Stätte des Opfers Christi und alle Gebete, die verklungen sind, bleiben auf ewig bestehen.[48]

Der Wechsel von einer theo-logischen Betrachtung zu einem theo-doxologischen Ansatz ist die Dimension, die zu einem Zuwachs an Glaubenserkenntnis führt. Das Herz der betenden Christen wurde und wird durch den doxologischen Charakter der Hymnen, der Poetik erobert. Ephräm der Syrer, Ambrosius von Mailand, Romanos der Melode, Johannes von Damaskus, die Schule des gregorianischen Chorals, sind die Klassiker, deren Liste sich durch die Jahrhunderte in allen Kirchen fortsetzen lässt. Auch der Mythos ist wie die Hymnologie eine Ausdrucksform, für eine Wirklichkeit, die die rein beschreibbare Form des Gottesdienstes übersteigt. Er ist keine primitive Form der Welterklärung oder ein zu überwindender Ansatz einer Sinnbildung. Die heutigen Wissenschaftszweige betrachten den Mythos soziologisch, kulturell und religiös als anthropologische und psychologisch bedeutende Metaebene.[49]

Eine mythopoetisch orientierte Religionswissenschaft

Während *Helmut Echternach* am Mysteriencharakter der Eucharistie mit dem Blick nach innen gerichtet für die Feier der Betenden poetisch und theo-doxologisch festhält, ist es interessant, dass im nordamerikanischen, multikulturellen, multireligiösen und multikonfessionelle Umfeld einige Theologen und Religionswissenschaftler diese Perspektive nach außen gerichtet erweitern. Sie schreiben dem Mysteriencharakter, der poetischen und mythischen Dimension der Eucharistie auch kulturelle und psychologische Funktionen zu. Damit stellen sie die Binnenwahrnehmung in einen erweiterten Kontext. Für sie ist es gerade die nicht in Lehrsätzen festgezurrte Theologie, die Narrationen übermittelt, und damit die richtige Dimension, die der Mensch in den Rätseln seines Lebens als Antwort benötigt. Es könnte ja sein, dass Religionen und Kirchen in ihrem religiösen Erbe für die Gesellschaft mit ihren unzugänglichen Fremdheiten Heilkräfte und gesellschaftsstärkende Elemente bereithalten. Die typisch nordamerikanischen Fragen nach dem „Warum“ und dem „Wie“ eines Phänomens nehmen daher die religiöse Bedeutung des Gottesdienstes und der Sakramente in den Blick. Sie werden oft in der Form eines biographischen Erkenntnisweges dargestellt, bei dem die Autoren

[48] Helmut Echternach, Auf Gottes Wegen. Worte der Anbetung, Hamburg 1962
[49] Hans Blumberg, Arbeit am Mythos, Frankfurt 2006; Heinz Reinwald, Mythos und Methode, München 1991

zeigen, wie sie von einer verengten konfessionellen Lesart und einem geprägten kirchlichen Milieu zu einem erweiterten vertiefenden religiösen Ansatz gelangten. Damit übertragen sie das Bedeutende ihres Ausganspunktes nun religiös auf die ganze Gesellschaft.

*Toby (Edwin Clark) Johnson (*1945)* studierte zuerst Theologie in Priesterseminaren katholischer Oden und wandte sich dann der vergleichenden Religionswissenschaft und der beratenden Psychotherapie zu. Er sieht das Besondere des gottesdienstlichen Sakramentes darin, dass in ihm die geistliche Wahrheit der „Auferstehung des Fleisches" nun selbst zur physischen Realität für die Nachfolger Jesu wird. Der Sieg über den Tod durch den Erlöser Christus geht im Brot und Wein der Eucharistie nicht nur in einer übertragenen Form als Nahrung für die Seele ein, sondern als Nahrung für den Leib verursachen die eucharistischen Gaben auch dort einen leiblichen Inkarnations-, Wiedergeburts- und Heiligungsprozess. Bei der Auferstehung am Ende der Zeiten werden die Leiber der Gläubigen verwandelt und in Gottes Himmel versammelt. Christus setzt einen individuellen und zugleich kosmischen organischen Inkarnationsprozess in Gang, der mit einer ganzheitlichen Gotteserfahrung einhergeht. So wird bei der Wiederkunft Christi den Gläubigen neu bewusst, dass Christus niemals fort war. Toby Johnson sieht auch in der Leidensgeschichte Jesu einen Verschmelzungsprozess des Leidens des Gottesknechtes, das zum priesterlichen Leiden für jedes Individuum und den ganzen physischen Kosmos wird. Daher geht es auch um die mystische Verwandlung des Kosmos, die in der leiblichen Dimension der Eucharistie geschieht. Johnson verwendet den Begriff „mythopoetisch", um alle Formen menschlicher Gotteserfahrung zum Ausdruck zu bringen. Die geistliche Wahrheit wird physisch real.[50]

Toby Johnson versteht sich selbst als Schüler Freund von *Joseph Campbell (* 1904, +1987)* der in den Vereinigten Staaten durch die Erforschung des Phänomens der Mythen in Publikationen und Fernsehserien bekannt wurde und Mythen, Religionen und deren Symbole positiv und populär darstellte. Campbell sieht in Anlehnung an die Tiefenpsychologie C.G. Jungs Mythen als universelle Erfahrungsmuster. Er benennt auch den Gegensatz von Mythos und Ideologie. Demnach werden die Ideologien vom Gehirn entworfen, die Mythologien aber vom Herzen erfahren. Die Mythologie legt eine andere Form von Wahrnehmung bereit. „Während sich Theologen in ihrer gewissermaßen rückläufigen Lesart der Offenbarungen auf Vergangenes beziehen und Utopisten nur Offenbarungen anzubieten haben, die irgendeine ersehnte Zukunft verheißen, deuten die der Psyche entsprungenen Mythologien wieder auf die Psyche zurück, und jeder, der ernsthaft innere Einkehr hält, wird das... wirklich entdecken."[51]

---

[50] Toby Johnson, Finding your own true Myth. What I learned from Joseph Campbell, Austin TX, 2017, 192 - 214

[51] Joseph Campbell, Lebendiger Mythos, München 1985, 273 -275

Auch *Thomas Moore (1940*)* gehörte über zehn Jahre einem katholischen Orden an, den er vor seiner Priesterweihe verließ. Er studierte Musikwissenschaft, Theologie und Religionswissenschaft. Sein Anliegen aber blieb, die Heiligkeit Gottes im alltäglichen Leben zu entdecken. Er arbeitete als Psychotherapeut und seine Publikationen werden von C. G. Jung und James Hillmann beeinflusst. Er fühlte sich in der Musik von J.S. Bach, Chopin und Debussy so sehr zuhause und betrachtete neoromantische Gemälde und mythologische Konzepte als Aussagen über kosmische Wirklichkeit, dass er sich als „Träumer und Freund der Träumer" verstand, und einen Zugang zu den Mythen und zum Sakralen vom Ansatz des Kunsterlebens verfolgte. Der Religion kommt man nur dann auf die Spur, wenn man in eine Romanze mit ihr eingeht. Religion ist kein intellektuelles Spiel, das auf Sicherheit und ein Regelwerk ausgerichtet ist. Vielmehr ist sie wie eine Odyssee, bei der der Mensch einen Weg über Gebirge oder einen Pfad durch den Dschungel findet, damit er mit seinen Hoffnungen, Enttäuschungen, seinen frohen und niedergeschlagenen Emotionen umgehen kann. Um die Seele der Religion zu finden, muss man die Poesie der Religionen entdecken, die Ikonographie ihrer Vorstellungen und die Ausdruckseiten ihrer heiligen Mysterien.[52]

James Hillman (1926-2011) war von 1946 bis 1953 als Angehöriger der US Streitkräfte in Deutschland tätig. Er ließ sich dann zum Psychoanalytiker ausbilden. Hillman brachte die Jungsche Vorstellung vom „Kollektiven Unbewussten" mit der Poesie der Mythologie in Verbindung. Es sei der Rückweg vom Logos zum Mythos, um den es in der Traumwelt des Menschen gehe. Es geht um einen Abstieg in den Hades, der das Geheimnis des Todes der Natur bewahrt und erhält. Die Schatten und Bilder der Unterwelt ohne Licht beeinflussen das Bewusstsein der Oberwelt. Er sieht den Auftrag des Christus, der in die Hölle hinabgestiegen ist, darin, die Macht der Unterwelt zu zerstören. Lazarus ist das ikonographische Paradigma dafür. *Hillman* fordert aber gleichzeitig, dass das Handeln Christi in der Unterwelt nicht zu antichristlichen Vorstellung von der Unterwelt und ihrer mythischen Bilder degradiert werden darf. Im Gegenteil, es geht ihm um die erlösende Verwandlung der Unterwelt und damit um die Gewinnung der Seele des modernen Menschen.[53]

An anderer Stelle fasst es *Toby Johnson* noch einmal zusammen. Die mythopoetische Interpretation des christlichen Glaubens, wie sie im sakramentalen Gottesdienst geschieht, befreit von einem anachronistischen Fundamentalismus, die physische Welt erklären zu müssen. Jesus Christus ist das österliche Lamm, das als geopferter Leib von dem erwählten Volk verzehrt wird auf seinem Weg in die Freiheit vom Alten Gesetz. Die physische Realpräsenz Jesu Christi ist das Faktum, das den Glauben historisch macht! Das dreimalige Hinabsenken der mit fünf Wachsnägeln und Weihrauchkörnern versehenen Osterkerze in das Taufwasser

[52] Thomas Moore, The Souls Religion,, New York 2002, 62 und !61
[53] James Hilman, The Dream And The Underworld, New York 1979, 3, 85 - 90

unterstreicht, das Jesus mystisch und physisch in der mystischen Transsubstanz mit der historischen Substanz eine neue Erde fruchtbar macht.[54]

Eine solche Sicht befreit ebenfalls von einer vereinfachten historisch-kritischen Suche nach der biblischen Wahrheit, mit der sich die westliche Theologie des 20. Jahrhunderts geradezu selbstzerstörerisch beschäftigt hat. Das Schlagwort von der Entmythologisierung der Hl. Schrift und damit des christlichen Glaubens würde von *Toby Johnson* vielleicht sogar akzeptiert werden. Er würde sie verstehen als Auseinandersetzung mit einem Verständnis, bei dem die Hl. Schrift als Quelle von aus dem Zusammenhang gerissenen Belegstellen für dogmatische Gerüste, politische Machtspiele und ethische Konstrukte angesehen wird. Dass dabei der „Mythos" als Bösewicht herhalten musste, ist bedauerlich. Weder kirchliches Lehramt, Verbalinspiration noch Bekenntnisstand können die Wahrheit des christlichen Glaubens beweisen oder herstellen. Die nordamerikanischen Religionswissenschaftler des mythopoetischen Ansatzes gehen von einem neuen mythischen Verständnis aus, einem „Meta-Mythos", der dem Leben die göttlichen Geheimnisse nahebringt. Dass sie dabei nicht im engeren Sinne nur christlich orientiert bleiben, sondern individualistische und multireligiöse Akzente setzen, liegt in deren Forschungsgeschichte begründet. Sie bringen aber angemessen und mit Ehrfurcht zum Ausdruck, worin sie die Besonderheit des christlichen Ansatzes sehen.

Eine hilflose Liturgiewissenschaft

In den Anfängen der überkonfessionell aufbrechenden „Liturgischen Bewegung" des 20. Jahrhunderts wagten es die Liturgiewissenschaftler noch, anzuklopfen an das eigentliche unaussagbare Geheimnis der Begegnung Gottes mit seiner Kirche im Kult der Kirche. Die Suche nach einer erneuerten echten Gestalt des christlichen Gottesdienstes war verbunden mit der Suche nach der richtigen Sprache, nach den richtigen inneren Haltungen und nach dem Ausdruck eines geistlichen Weges für den Gottesdienst. So kann der in der „ecclesia orans" verankerte Liturgiewissenschaftler *Ildefons Herwegen* (1874-1946) sagen: „Beten ist das letzte Wort des suchenden Menschen. Da hört der Menschenweg auf, der Menschenwille wird berührt vom Gotteswillen, unter Schauern und Schrecken, unter lösendem friedlichen Trost und freimachender Kräftigung."[55] Rückblickend muss man jedoch feststellen, dass es vor allem in den westlichen Kirchen zu einer Fülle von Studien kam, die im Wesentlichen bei der Erarbeitung der Text- und Theologiegeschichte des Gottesdienstes und in der Erklärung der Riten und ihrer Symbole

[54] Toby Johnson, Finding God In The Sexual Underworld, Austin TX, 2020, 137 - 197

[55] Romano Guardini, Vom Geist der Liturgie. Mit einem Vorwort von Ildefons Herwegen, Freiburg im Breisgau 1983, 9

stehen blieb.[56] Der Gottesdienst wurde dabei zu einem Forschungsobjekt, zu einem textgeschichtlich und theologiegeschichtlich erklärbaren Gegenstand, bei dem übersehen wurde, dass die unerklärbare Metaebene des Mythopoetischen eigentlich den entscheidenden Anteil am gottesdienstlichen Geschehen ausmacht. Die wissenschaftliche, historisch-kritische Betrachtung der Liturgie musste den Mysteriencharakter als wissenschaftlich nicht erfassbar ausklammern. In den Mittelpunkt der Betrachtung wurde der Gottesdienst als pädagogisches, soziologisches und psychologisches Ereignis gestellt und seine Effekte kommunikationstheoretisch wurden neu vermessen. Der Gottesdienst hatte seinen religiösen Charakter, der ehrfürchtig, liebevoll und hingebungsorientiert tradiert wurde, nicht mehr nötig. Das Gespenst eines manipulativen, ideologisch und moralisch „gestalteten" Gottesdienstes nahm Gestalt an.

Es ging in der katholischen Liturgiewissenschaft um den „Wandel der Auffassungen" der Messliturgien, und das Ein-und Neuordnen von Frömmigkeitsformen. Es wurde für den Gottesdienst ein Reinigungsprozess und ein Erneuerungsprogramm ausgerufen und durchgeführt, bei denen im Namen biblisch und historisch als richtig angesehener Erkenntnisse tiefe Eingriffe in die gewachsene Form der Liturgie durchgeführt wurden. Es kam zudem zu einem theologisch und emotional umkämpften Bruch. So wurde die neue Form der Messe, der „Novus Ordo", kirchenamtlich durchgesetzt, die ältere Form verboten oder in den Untergrund gedrängt und erst später als „Forma extraordinaria" mehr oder weniger geduldet. Die ursprünglichen Ziele der liturgischen Bewegung blieben in weiter Ferne. Für den sowieso lehrhaft ausgerichteten reformatorischen Gottesdienst wurden zwar das Phänomen des Rituals und vordem verpönte liturgische Ausdrucksformen neu entdeckt, aber nur soweit akzeptiert, wie sie als Ausdruck des Lehrcharakters des Gottesdienstes verstanden werde konnten. Das von der ursprünglichen liturgischen Bewegung ins Auge gefasste Ziel der Wiedergewinnung der sonntäglichen Eucharistiefeier für die evangelischen Kirchen wurde de facto aufgegeben. Gemeinsam gehen die westlichen Traditionen davon aus, dass der Gottesdienst eigentlich eine „Funktion" der institutionellen Kirche ist und damit ein der Dogmatik und der Rechtsgestalt unterworfenes Ereignis.

In diese Falle sind die orthodoxen und orientalischen Kirchen nicht geraten. Hier hielt man am Offenbarungscharakter der Liturgie fest, der es von selbst verbot, mit vermeintlich richtigen biblischen und theologischen Erkenntnissen vorschnell Hand anzulegen an die Ritualgestalt des Gottesdienstes. In der Liturgiewissenschaft erarbeitete man die sehr komplexe und bis dato in weiten Bereichen unerforschte Liturgiegeschichte.[57] Der Zusammenhang zwischen Eucharistie und der Theologie der Kirchenväter wurde zudem gestärkt durch den Siegeszug der „Eucharistischen Ekklesiologie", die das Wesen der Kirche von der Eucharistie her

[56] Walter Binnbaum, Das Kultusproblem und die liturgischen Bewegungen des 20.Jahrhunderts, Band1: Die deutsche katholische liturgische Bewegung, Tübingen 1966, Band 2: Die deutsche evangelische liturgische Bewegung, Tübingen 1970

[57] Ene Braniste, Liturgica Speciala, Bucuresti 2002

entfaltet. Orthodoxe Kritiker wie *Alexander Schmeman* sehen im eigenen östlichen theologischen Ansatz eher die Gefahr, dass in der Haltung eines „negativen Maximalismus", bei dem sich die Kirche in der Welt behaglich eingerichtet hat, das eschatologische Wesen des Christentums in der Liturgie verdunkelt wird. Die Kirche einer solche „administrativen Theologie" beschäftigt sich nur noch mit Fragen der bürgerlichen Rezeption des Christentums und sieht sich als Selbstläufer. Verloren geht das Gespür dafür, dass Gott am Menschen interessiert ist und die Liturgie eschatologischen Sprengstoff enthält.[58]

Mythopoetische Rebellen

Doch hat es in allen Kirchen auch immer wieder die „mythopoetische Rebellen" gegeben, die gerade an der unaussagbaren Dimension der Gottesbegegnung in der Liturgie als zu schützendem eigentlichen Wert festhalten wollten. Zu ihnen gehört der aus einer Oldenburger lutherischen Pastorendynastie stammende, zur Orthodoxie konvertierte Priestermönch *Gabriel Henning Bultmann (1923-1989).* Er war Neffe des evangelischen Theologen *Rudolf Bultmann (1884-1976),* der mit seinem Ansatz der „Entmythologisierung" und „existentialen Interpretation" scharfe Auseinandersetzungen unter den Neutestamentlern und in den evangelischen Kirchen ausgelöst hatte. Der sprachbegabte *Hierohegumen Gabriel,* der sich mit prämierten Übersetzungen von Texten *Romanos des Meloden* einen Namen gemacht hatte, forderte eine poetische und mystagogische Sprache der Vermittlung von der Theologie, die er in der Liturgie verwirklichen wollte, und legte eigene Liturgieübersetzungen in einer lyrischen deutschen Kultsprache vor. Die Liturgie baut mit ihren Zyklen und Rhythmen, die bis in die Sprache gehen, einen Erfahrungsraum auf, der es ermöglicht, Gott zu lieben. Das Herz der Menschen soll ergriffen und gewandelt werden.[59]

Als Beispiel aus der katholischen Kirche kann man den niederländischen Dichter und Priester *Huub Oosterhuis (* 1933)* nennen, dessen Dichtungen, gottesdienstliche Gebete und Lieder auch in Deutschland große Verbreitung bis hin in Gesangbücher fanden. Er gehörte dem Jesuitenorden an und war als Studentenpfarrer in Amsterdam tätig. Im Jahr 1969 wurde er wegen Differenzen aus dem Jesuitenorden ausgeschlossen, trat aus der römisch-katholischen Kirche aus und dient seitdem in einer freien katholischen Personalgemeinde. Er möchte das Gebet und die Liturgie von Klischees und Stereotypen befreien und sich an den Psalmen und einem ursprünglichen Gegenüber zu Gott orientieren, um eine neue Schöpferkraft zu entfalten. Das Gebet soll einen anamnetischen Charakter haben und die Heilstaten Gottes mit der Lebenswirklichkeit der Menschen verbinden und damit an einer größeren inneren Weite teilhaben. Beten heißt auch, nicht wissen, wer Gott ist. Er deckt sich nicht mit unseren Worten und Namen, man darf ihn darum nicht

---

[58] Alexander Schmemann, Aufzeichnungen 1973-1983, Freiburg 2002, 475 und 478
[59] Gabriel Henning Bultmann, Stundenbuch für den Alltag, Graz, Wien Köln 1991

vorschnell zum Gesetz, Grundsatz, Problemlöser machen, weil er so zum Lückenbüßer würde. Beten ist eine Art zu leben, zu warten, offenzuhalten, nicht zu besitzen, sondern zu bitten.[60]

Der reformierte Theologe, Ägyptologe und niederländische Bildungsminister *Gerardus van der Leeuw (1890- 1950*), betrachtete die gottesdienstlichen Riten als den Augenblick, in dem die Lebensgemeinschaft mit Christus zur Realität wird und die Menschen die verlorengegangene Einheit ihres Lebens wiedergefunden haben. Die Gnade kommt nur in menschlichen Verhältnissen zu uns, daher ist das Christenleben sakramental. Auch der Verkündigung des Wortes Gottes ist ein sakramentaler Platz zuzuweisen, weil sie sonst zu einem katechetischen Humanismus degeneriert. Die Riten bauen die religiöse Erfahrung in das alltägliche Leben ein. Sie leben aber vom Aussondern und Segnen der Lebensvollzüge und Elemente, da das Heilige von den Menschen nicht „bearbeitet", sondern nur demütig und ehrfürchtig empfangen werden kann. Die Geheimnisse von Kreuz und Auferstehung dürfen nicht gegeneinander ausgespielt werden, sondern begründen sich wechselseitig. Der in seinem Denken biblisch fundierte Theologe kommt daher mit einem Existentialisten, sogar mit einem Atheisten besser zurecht, als mit einem Idealisten. *Van der Leeuw* gönnt sich sogar eine kleine Polemik gegen seine eigene Konfession, in dem er das neue Besinnen der liturgischen Bewegung auf das sakramentale Denken mit einem Zitat des schwedischen Theologen und Bischofs *Yngve Brillioth* (1892-1959) als Absage betrachtet an „the tyranny of the pulpit".[61]

Ein verborgener hermeneutischer Konflikt

Im Hintergrund der Entwicklungen in den Liturgiewissenschaften der verschiedenen Kirchen kann man einen Konflikt, mindestens aber eine erbitterte Konkurrenz zweier hermeneutischer Systeme ausmachen, die oft unausgesprochen bleiben, weil sie auch unhinterfragt konfessionsübergreifend tradiert werden.

Das erste hermeneutische Konzept soll hier, vielleicht ein wenig vereinfachend, als das „rituell religiöse" bezeichnet werden. Es geht davon aus, dass die christliche Botschaft des Evangeliums im rituellen Kultus umfassend, angemessen und unverkürzt weitergegeben wird. Es ist die Kulturleistung von Byzanz und Rom gewesen, die christliche Botschaft dadurch fruchtbar zu machen, dass sie in einem längeren Prozess die vorchristlichen religiösen und philosophischen Systeme sozusagen mit dem Evangelium „taufte" und damit in die vorhandene Religiosität als ein neues überwältigendes Element einfügte. Auch die Missionstätigkeiten der Klöster knüpften an die vorfindliche Religiosität an, um sie mit dem christlichen Glauben zu taufen und zu veredeln. Die lateinische Messe trägt natürlich auch die

[60] Huub Oosterhuis, Ganz nah ist dein Wort, Wien 1967, 5-19

[61] Gerardus van der Leeuw, Sakramentales Denken, Kassel 1959; ders. (hg. von Luca Baschera u. Ralph Kunz): Liturgik, Zürich 2018

Charakteristika von Sprache, Rechtsgestalt und Hierarchie des lateinischen Kulturbereiches an sich. Ähnliches kann man an den byzantinischen und syrischen Traditionen ablesen. Das Evangelium wurde von der Zeit der Missionierung und Taufe des örtlich Religiösen im religiösen rituellen System adaptiert und weitergegeben. Natürlich hat ein solches religiöses System seine Schwachstellen der Erstarrung, der Formalisierung, der Instrumentalisierung, des Missbrauches und alle Schwächen, die die Religionskritik vorzubringen weiß. Aber es hat sich erwiesen, dass gegen diese Schwächen auch immer Gegen- und Erneuerungsbewegungen aufgestanden sind. Deutlich feststellen muss man an dieser Stelle, dass die rituell religiöse Hermeneutik die Verkündigung des Evangeliums als einen nicht integrierbaren, systeminternen kritischen, kultur- und gesellschaftskritischen Aspekt mitüberliefert, der das eigene System selbstkritisch begleitet und Erneuerungsprozesse einleitet. Grundsätzlich wird jedoch das rituell religiöse Konzept wegen seiner Vielschichtigkeit als gut und geeignet angesehen für die Weitergabe des christlichen Glaubens. Das Ritual schützt auf vielen Ebenen vor ideologischen Manipulationsversuchen. Es muss seine Wahrheit nicht beweisen oder verteidigen, sondern nur tradieren.

Das zweite hermeneutische Konzept könnte man ebenfalls ein wenig vereinfachend als das „ideologisch-missionarische“ bezeichnen. Dieses System entwickelte sich im Bereich der reformatorischen Ansätze und entzündet sich an der Frage, ob nicht der Hl. Schrift als „norma normans“ und der aus ihr abgeleiteten Theologie für die Hl. Tradition eine eigene übergeordnete Normativität zukommt. Dabei muss zuerst einmal festgehalten werden, dass zumindest für die Reformatoren selbst die Theologie der Hl. Schrift nicht außerhalb des religiösen Rahmens stattzufinden hatte. Gerade nach *Martin Luther (1483 - 1546)* selbst kann niemand sich das den Menschen rechtfertigende Wort Gottes selbst zusprechen, sondern dieses muss in der Predigt, die ihren Ort in der Feier der Hl. Messe hat, geschehen. Dieses ursprünglich auch gottesdienstlich verankerte System löste sich im Laufe der westlichen Theologiegeschichte von seinen kultischen Bezügen und versuchte, losgelöst von einer vom Kult geprägten theologischen Denkstruktur als eigenes im Bereich des Denkens angesiedeltes übergeordnetes System zu existieren. Die vom Heiligen Geist geleitete Vernunft ging eine Ehe mit der aufgeklärten Vernunft ein, die gedachte Theologie ersetzte die ekklesiologische Gestalt der Kirche, die historisch-kritische Geschichtsbetrachtung löste die Heilsgeschichte ab. Der Gottesdienst ist für das ideologisch-missionarische Konzept nur dann interessant, wenn er für dessen Ideologie nützlich sein kann. Der Kultus wird zum Gestaltungsobjekt. Ausreichend ist die Weitergabe eines ideologischen Konzeptes, das auch ohne Kultus existieren kann, und das vielleicht dann sogar zu seiner Hochform gelangt, wenn es den Kultus überwunden hat.

Das ideologisch-missionarische Konzept beargwöhnt zutiefst seine religiös-rituelle Konkurrenz. Dabei kommt es im protestantischen Bereich zu einer interessanten Skurrilität. Die religiös-rituellen Sakramente und Segenshandlungen werden nämlich mit einer ideologisch-missionarischen Gehhilfe ausgestattet. Dieses geschieht mit der Beigabe eines Bibelverses, mit denen die Sakramente und Segenshandlungen zusätzlich versehen werden. Dieser Bibelvers tradiert jedoch ein hermeneutisch ganz anders gelagertes Legitimationssystem. Taufspruch, Konfirmationsspruch, Trauspruch, Ordinationssprüche, Einführungssprüche verleihen der rituellen Handlung eine zusätzliche göttliche Gültigkeit. Vielerorts wird sogar zusätzlich zur Kommunion der eucharistischen Gaben ein Bibelvers mit auf den Weg gegeben. Dieses ist ursprünglich im lutherischen Messbuch überhaupt nicht vorgesehen.[62] Man will anscheinend unbedingt den Eindruck vermeiden, als wenn das Ritual eine ausreichende Form der Weitergabe des Segens sein könnte. Dem Ritual wird nicht die Kraft des Heiligen Geistes zugestanden, sondern ihm wird Magie und Zauberei unterstellt. Selbst die Gaben der Kommunion sind nicht genug. Ob dann der Zauber des Bibelverses mehr Tragkraft hat als die empfangenen Gaben, bleibt ungeklärt.

Es findet hinter den Kulissen der Liturgiewissenschaft ein mehr oder weniger ausgesprochener Konflikt statt zwischen dem „rituell-religiösen" und dem „ideologisch - missionarischen" Konzept, das man auch „ethisch-pädagogisch" nennen könnte. Beide Systeme belauern und bekämpfen sich. Das ideologische System betrachtet das religiöse als unzureichend und zu überwinden, als „voraufklärerisch". Das religiöse System betrachtet das ideologische System als „säkulare Sünde". Es kann dabei allerdings für sich das Phänomen in Anspruch nehmen, dass der moderne Zeitgenosse erstaunlicherweise nicht mit fliegenden Fahnen zum säkularen Pädagogismus überläuft, sondern selbst religiös bleiben will und diese Aspekte nicht in der Ideologie findet. Das deutet auch die Hilflosigkeit mancher katholischer Liturgiewissenschaftler an. Sie haben die Hl. Messe von überflüssigen Stücken gereinigt, psychologisch dynamisiert, als Gemeinschaftserlebnis gestaltet, als Lernereignis konzipiert. All das, was man theologisch richtigmachen konnte, hat man nach derzeitigem Erkenntnisstand richtiggemacht und ist nun ratlos darüber, dass dieses von den Gläubigen nicht rezipiert wird. Die evangelische Gottesdiensttheorie kann nun auch auf alle liturgischen Formen zurückgreifen und alle Elemente einbauen, die den Gottesdienst zum ansprechenden Wohlfühlereignis macht, aber die Gläubigen durchschauen auch dieses. Dieser Konflikt wird dadurch verschärft, dass die Beurteilung von Gültigkeit, von Amt und Sakramenten zwischen den verschiedenen Konfessionen und die gegenseitige Anerkennung als Kirchen von diesem Konflikt betroffen sind. Die ideologisch orientierten Kirchen erschrecken vor der Macht des Religiösen, die ihnen letztlich die Anerkennung verweigert und müssen sich zu ihrer Verteidigung überlegen fühlen. Die religiös orientierten Kirchen können die Ideologien nicht verstehen,

[62] Agende für evangelisch-lutherische Kirchen und Gemeinden, Berlin 1969, 76*-78*

fühlen sich aber von ihnen angegriffen und regieren mit grundsätzlicher Abwehrhaltung. Ein Dialog zwischen beiden Positionen, die oft unterbewusst tradiert werden, ist schwer zu führen.

Gerade die westliche Liturgiewissenschaft ist dem Irrglauben erlegen, dass das, was „theologisch richtig“ ist, umsetzbar und ausreichend ist für die sogenannte Erneuerung der Liturgie. Sie vergaß dabei zu fragen, ob das, was „theologisch richtig“ ist, auch „religiös wahr“ ist. Sie fiel aus der Balance heraus, die das rituell religiöse Konzept bewahrt hat. Letzteres Konzept muss sich nicht immer wieder in gleicher Weise beweisen, sondern lebt aus der religiösen heiligen Tradition. Auf den Punkt gebracht: soll der christliche Gottesdienst sakramental oder prophetisch sein? Diese Alternative ist falsch. Nur das Sakramentale ist echt prophetisch und nur das Prophetische ist echt sakramental. Überspitzt formuliert: Wer meint, Märchen könnte man auf „historisch-kritische“ und „humanistisch-ethische“ Lehrtexte reduzieren, um diese mit Kindern zu besprechen, der hat weder die Märchen, noch die Kinder „verstanden“.

Der mythopoetische Ansatz versucht, der Liturgie als spirituell ganzheitlichem religiösem Ereignis gerecht zu werden. „The Science of the Sacraments it is that of the immensity, omnipresence and unconditionality of the love of God.“[63] Die Aufgabe einer mythopoetisch orientierten Liturgiewissenschaft ist es, sprachlich, theologisch und ekklesiologisch die Augen dafür zu öffnen, dass bei der Feier der Eucharistie mehr geschieht, als es die Feiernden verstehen können, mehr als ihnen bewusst werden kann, mehr als sie erbitten können.[64]

---

[63] So John Kersey in: Charles Leadbeater, Science of the Sacraments, Los Angeles 2020, 12

[64] Dieses Kapitel wird auch in rumänischer Übersetzung in der Festschrift für Pr. Prof. Dr. Constantin Pătuleanu im Verlag Cuvântul Vieții der Erzdiözese Bukarest 2023 veröffentlicht.

Literaturverzeichnis

Achenbrenner, Cord, Das evangelische Pfarrhaus, München 2016

Amiet, Peter, Systematische Überlegungen zur Amtsgnade, in IKZ Bd.68 1974, 48 -53

Bouyer, Louis, Mensch und Ritus, Mainz 1964

Ders., Eucharist, Notre Dame, Indiana 1968

Ders., Frau und Kirche, Einsiedeln 1977

Buchrucker, Armin-Ernst, Die Bedeutung des Teufels für die Theologie Luthers: "Nullus Diabolus - nullus Redemptor", in: Theologische Zeitschrift Basel Jahrgang 29, 6/1973, 385-398

Braaten, Carl E., Mother Church, Minneapolis MN 1998

Cesbron, Gilbert, Die Heiligen gehen in die Hölle, Berlin 1955

Charamsa, Krzysztof, Der erste Stein, München 2016

Dansette, Adrienne, Tragödie und Experiment der Arbeiterpriester, Graz 1950

Davila, Nicolas Gomez, Notas, Unzeitgemäße Gedanken, Berlin 2022

Deutsche Bibelgesellschaft (Hg.), Die Bibel nach der Übersetzung Martin Luthers in der revidierten Fassung von 1984, Stuttgart 1985

Echternach, Helmut, Theozentrische Existenz, Witten 1965

Ders. Segnende Kirche, Hamburg 1968

Evdokimov, Paul, Die Frau und das Heil der Welt, Moers 1989

Drewermann, Eugen, Kleriker: Psychogramm eines Ideals, Kevelaer 2019

Edel, Reiner-Friedemann (Hg), Das Leben aus dem Geist III: Orthodoxes Zeugnis über das geistliche Leben, Marburg 1980

Frieling, Rudolf, Die sieben Sakramente in der Geschichte der Christenheit, Stuttgart 2001

Gaudron, Matthias, Die Messe aller Zeiten: Ritus und Theologie des hl. Messopfers, (Bobingen) 2006

Green, Graham, Die Kraft und die Herrlichkeit, Hamburg 1975

Illert, Martin und Mykhaleyko, Andriy (Hg), Perspektiven der Ostkirchenkunde, Paderborn 2022

Kazantzakis, Nikos, Griechische Passion, Berlin 1990

Kunkel, Heinrich, Priester des Herrn, Würzburg 1954

Lay, Rupert, Nachkirchliches Christentum, Düsseldorf 1995

Ders., Ketzer, Dogmen, Denkverbote, Düsseldorf 1996

Lazareth, William H., Zusammenwachsen in Taufe, Eucharistie und Amt. Frankfurt am Main 1983.

Leadbeater, Charles, The Science oft the Sacraments, London 2007

Lohfink, Gerhard, Die wichtigsten Worte Jesu, Freiburg 2022

Menke, Karl-Heinz, Sakramentalität, Regensburg 2020

Moore, Thomas, Writing in the Sand, Carlsbad CA 2009

Mund, Hans-Joachim, Das Petrusamt in der gegenwärtigen theologischen Diskussion, Paderborn 1976

Rahner, Karl, Vom Unterwegssein, Pilgern und Ankommen für immer, Ostfildern 2021

Ramsey, Michael, Worte an meine Priester, Einsiedeln 1972

Rosscup, James E., Der Vorrang von Gebet und Auslegungspredigt, in: **MacArthur, John (Hg**), Biblisch predigen, Berlin 2021

Schmemann, Alexander, Aufzeichnungen 1973-1983, Freiburg 2002

Ders., Zur Ordination von Frauen. Brief an einen episkopalen Freund, übersetzt von Pastor Christian Felmy, in: IOK, Frankfurt (o. Jahr)

Schneider, Michael, Lebensprojekt Berufung, Köln 2001

Ders., Theologie des geistlichen Lebens in der Ostkirche, Paderborn 2022

Selg, Peter, Menschenweihehandlung. Rudolf Steiner und die Priestergemeinschaft der christlichen Erneuerung, Arlesheim 2018

Stählin, Wilhelm, Mysterium, Kassel 1970

Schütz, Paul, Die Glaubwürdigkeit des Absurden, Hamburg 1970

Thielicke, Helmut, Zwischen Gott und Satan, Wuppertal 1978

Thöle, Reinhard, Geheiligt werde dein Name. Christliche Gottesdienste zwischen Anbetung und Anbiederung, Baden-Baden 2021

Van der Leeuw, Gerardus, Sakramentales Denken, Kassel 1959

Ders., Liturgik (hg von Luca Beschera und Ralph Kunz), Zürich 2018

Vorgrimler, Herbert (Hg), Der priesterliche Dienst V, Amt und Ordination in ökumenischer Sicht, Freiburg 1973

Volkoff, Vladimir, Der Verräter, Frankfurt 1988

Zander, Hans Conrad, Zehn Argumente für den Zölibat, Düsseldorf 1998

Printed by Books on Demand GmbH, Norderstedt / Germany